JN012450

極私的証券化論 3.0

事業の守護神としての資本市場の創生

髙田裕之 著
HIROYUKI TAKADA

AN INSIDER HISTORY OF JAPANESE REAL ESTATE SECURITIZATION

一般社団法人金融財政事情研究会

はしがき

クレディスイス勤務を終えた2011年から4年間、シンガポールに拠点を移して、日本企業のアジア進出に伴う国際M&Aに関与する仕事などに携わりながら、並行して、やや間接的ながら、日本の不動産証券化にも継続的に関与してきた。そして、2017年秋に日本に戻り、実質的に自らが創業した現在の会社（道慈キャピタル）の代表としてふたたび不動産ファイナンスや証券化、そして初心であるところのコーポレート・ファイナンス・アドバイザリーの仕事を手がけることになった。

本書は、以前、週刊金融財政事情に寄稿させていただいた連載「極私的証券化論2001」を、追加の解説や最近の市場の推移を視野に入れたうえで、本にまとめないかという提案をいただいた結果、刊行に至ったものである。

現在の筆者は、不動産証券化へのこだわりを捨てず、その仕事と両輪をなすコーポレート・ファイナンス・アドバイザリー業務に特化した「証券会社」をゼロから立ち上げる試みの途上にある。風車に立ち向かうドン・キホーテのような無謀な取組みかもしれないが、時に中心的な当事者として、または少なくとも関係者として、体当たりしてきたディールを通じて手に入れた技術や知見を、社会に還元することには大きな意味があると信じている。

そうした観点から、本書は「極私的」なのであろう。筆者は上記のような境遇にあるので、大手不動産会社や機関投資家が活躍する機関投資家市場に対してはアウトサイダーであり、同市場に関する最新の情報を期待される方には、本書はあまり役に立たないかもしれない。しかし、統計などの視点からの記述は、ジャーナリズムや業界誌で多く発見できるだろう。本書はそういう記述の真逆にある。

本書成立のもととなった連載名にある2001年から今年で20年あまりになる。それより昔のことも含めて書かせていただいているから、日本の証券化の草創期から連綿と記述していることになる。証券化ビジネスに流れる一定の「不易」な事項は、その時代ごとに証券化が担う役割の「流行」のなかでさらに磨かれていくものだ。本書が、不動産証券化の本質的な要素の一部でも浮き彫りにすることに成功しているならば、筆者は満足である。

2023年1月

髙田　裕之

序　章

１９８８年秋、野村證券の商品開発本部から、当時野村證券と現地株主の合弁会社であったアメリカのイーストディール社に出向せよとの辞令が出た。同社の米国不動産関連事業に取り組むために、いきなり不動産の世界に飛び込むことになった。当時の日本はバブル末期で、日本の機関投資家の投資資金は米国不動産に向かっていた。

右も左もわからないまま、ニューヨークの土を踏んだ。サンフランシスコの大型ビルに対するコンバーティブル・モーゲージのシンジケーション・プロジェクトが最初に関与したディールであった。当時日本ではあまりなじみのなかった、ＰＭＬ（Probable Maximum Loss）レポートや、アセット・マネジメントという業務の概念などを勉強し、なるほど科学的な投資管理がなされているなと、日米の相違を痛感したものである。

マンハッタンやシカゴの大型オフィスビルに対する巨額のモーゲージ・ローンを、ケイマンＳＰＶで証券化して日本に輸入する仕事もした。ティッシュマン・スパイヤー（Tishman Speyer）、鹿島建設、そしてシティバンクが3分の1ずつの持分でＪＶを組成して開発していた、フランクフルトのメッセタームという高層ビルの大型プロジェクトも、明治生命と野村證券のＪＶでエクイティ証券化を利用して買収し、事業化した。買収した時点ではまだ工事用の外付けエレベーターがついていて、クレーンが上がっている状態だった。リースアップもまだ10％にも満たない状態だったが、イーストディール社とティッシュマンの努力で、ドイツ連銀がビル全体の半分に入居するプレミアムタワーになった。最高の思い出として残る仕事だった。ちなみに、ティッシュマンは、その後、ロックフェラーセンターのリノベーションを実行し、三菱地所の後を継いでそのオーナーとなった。いまやニューヨークの大手デベロッパーになっている。

プラザホテルの買収を完了した直後のドナルド・トランプ氏を訪ねてプラザホテルで面談し、ブリッジローンを長期ローンへ借り換えないかと営業する席に参加したことも覚えている。当時のトランプ氏は、長髪のスマートな紳士であった。第2章で紹介するオリンピア・アンド・ヨーク社のチャプターイレブン申請に伴うワールド・ファイナンシャル・センター・タワーB債の受難に関する記述は、直接の当事者としての当時の体験をもとにしている。資産証券化と倒産法の関係の神髄をいやというほど理解させられた。

その後、帰国し、商品開発本部から大阪支店事業法人部門に移って勤務したのを最後に、野村證券を辞めて、クレディ・スイス・ファイナンシャル・プロダクツ（ＣＳＦＰ）に入社したのは１９９７年夏のことだ。やはり第2章で詳しく紹介する、ＳＰＶ利用の株式ファンドであるマックスター案件が生まれたのはこの時期である。ＣＳＦＰといえば、むしろ時価開示とは正反対のディールをやりすぎて免許はく奪の憂き目にあった問題会社である。その環境で、私は逆に開示を促進するために、このファンドの設立を進めた。初めから会社更生法リスクを念頭において仕組みをつくっていたので、銀行再編のあおりを受けて発生した期末資金繰り危機を受けた、マイカル向け緊急融資などの荒業もできたのである。

前記の事件のあと、ＣＳＦＰに残ったままでは不動産証券化の仕事を実現できない状況になった。退社させていただき、なけなしのお金でULTIMA Laboratoryという証券化ブティックを設立した。自らスキーム設計したマイカルや西友のＧＭＳ店舗証券化を実現するためであった。ここでの仕事が「第3章　事業革新としての証券化」および「第4章　救済金融としての証券化」で記述されている。マイカル店舗の証券化の実現には、アメリカの格付機関であるムーディーズ日本支社の皆さまの協力もあり、同社の格付を取得できたことが大きく寄与した。大手機関投資家の皆さまにもご支援をいただいて、総額約

1000億円の日本型CMBSを新規発行した。

荒波にもまれやすい人生。日本型CMBSの裏付資産である店舗のオリジネーターであり、マスターリースバック先であるマイカル・グループ2社にさらなる危機が迫った。それを救うために追加の証券化を行う必要性があったので、ふたたびクレディスイスに戻らざるをえなかった。当時クレディスイスのニューヨークでCMBS事業部門にいたイーストディール社の元同僚に、ULTIMAとの共同事業を申し入れたが、「金融資本は社内に戻らなければ使わせない」という返事をもらったためである。急きょニューヨークへ面接を受けにいった。

そして、ウォルマートをスポンサーにした追加証券化案を検討することになる。プロジェクト・エンジェルと命名され、交渉のためにシカゴやフェイビルを訪問したものだ。

残念ながら、そのプロジェクトは実らなかった。当時のメインバンクである第一勧業銀行の理解を得られなかったのである。マイカルには法的整理のスポンサーがついていて、そこに面倒をみさせるという密約がすでに存在していたから、最初から検討する気がなかったのだろう。2001年9月11日のWTCテロ事件発生の3日後、2001年9月14日にマイカルは民事再生を申請した。その後、スポンサーの圧力を受けて強引に会社更生に持ち込まれてしまった。このあたりは、週刊金融財政事情2010年4月12日号に詳しい。

プロジェクト・エンジェルには、当時としてはまだ珍しかった債務株式化（DES）の提案も含まれていた。オペレーティング・キャッシュフローなどを検討すれば、マイカルの財務内容は潰れるほど悪くなかった。金融支援が得られれば、自力再生もそれほど大変ではなかったはずである。前述の週刊金融財政事情の記事でも指摘されているように、債権者の利益を本当に重視するならば、破綻企業を買収する事業スポンサーの貸借対照表に巨額の負ののれんが立つような債権カット案を是とするのは問題である。事業スポンサーが破綻企業の再建という大義名分のもとで安価な事業買収を行うのは、国民経済的にも大きな問題だと感じた。

西友はそれから間もなく、マイカルのスポンサー案件と西友案件を並行して検討していたウォルマートの支援を受け、最後は同社によって買収された。当時の西友の経営陣は、ウォルマートの支援を受けることについてメインバンクのみずほ銀行から反対を受けていたが、それを振り切っての決断だったようである。そのおかげで西友は法的破綻を回避し、いまも存続している。実に大きな変動期であった。

設計どおりに倒産隔離が働くか。外資系の傘下でどのようなチャレンジがなされるか。日本型ＣＭＢＳは試練の時期を迎えたが、マイカルＣＭＢＳは管財人がスキームを破壊したものの、それを乗り越えてリファイナンス（借換え）に成功し、最終的に全額償還できたし、西友ＣＭＢＳもウォルマートのもと、立派にリファイナンスを成立させて満額償還された。

その後も多様な不動産取引に、おもに不動産金融のかたちで関与させていただいた。マイカルの子会社であったダックビブレ（現さくら野百貨店）が、会社更生マイカルに従属することを拒否して民事再生を選択、再生に向けて努力する過程での不動産証券化は、救済金融として不動産証券化が機能することを示す機会になった。これについても第４章で紹介している。

法的整理途上の再生会社というステイタスには制約が大変に多い。再生会社に対しては、事業を立ち直らせるための投資より、一銭でも多く、早く返済してほしいと要求する取引金融機関が多いはずである。再生に必要な資金の調達は通常、事業スポンサーから出資を受けるか、経営陣を交代させるなど取引金融機関の納得を得るための措置を経て、取引金融機関から融資を受けられなければむずかしい。再生会社には従業員への給与支払債務をはじめとする優先債務が発生するし、その資産には別除権や更生担保権といった特殊なリーンがついているので、融資を行う余地がないことも多い。

再生会社が所有する資産を過去の金融債務や労働債務から切り離し、倒産隔離を確保してSPCに移転すると、資産の価値はそれだけで高まる。そのためには（道慈キャピタルでは「プレフローティング・プロセス」と呼んでいるが）、事前の権利整理や情報整備も必要となる。資産価値を高めて換金することで、再生計画や更生計画で想定した回収金額よりも高い金額で売却でき、場合によっては投資資金を確保することもできる。再生途上の会社の負担も軽くなる。そういう効果を「ポジティブ・スパイラル」と呼ぶことにする。このポジティブ・スパイラルの過程に入ると、再生も早期に達成できるのだ。

もちろん、気をつけないといけないのは、そういうことを重々承知のうえでなお、法的整理のなかで堂々と資産のたたき売りをする輩も結構いたことである。このころの日本の倒産処理実務では、破綻した会社のもつ資産は所有者が破綻したという事実だけで安くなる（これは、ある意味では正しい）から、競売で安く売却することになっても仕方がないという考え方が常識だった。競売を通じて有利な資産買取りを狙う業者が、破産弁護士たちと宴をしているという話をよく聞いたものである。第4章はこのような世界での実体験をもとに書かせていただいた。

第5章では、ダックビブレが利用した不動産証券化のその後を紹介しようと思う。ポジティブ・スパイラルと口でいうのは簡単だが、実践はなかなかむずかしいことも書いてみたい。この仕事はいまだに継続しており、私のライフワークとなりつつある。

さて、私はクレディスイスに戻ったあと、CMBS用の不動産融資を実行し、それをリパッケージしてCMBSを発行する仕事などに従事することになった。その時の体験から第1章のCMBSビジネスの話を書かせていただいた。不動産証券化を利用する投資銀行とはどういうものであるべきかは、本書を貫くテーマの一つである。第5章以降でも、その点について改めて適宜記述していきたい。

そして、リーマンショックという最後の試練が到来する。CMBS市場が機能しなくなり、日本版リート市場においても、ニューシティ・リートの破綻劇や、ユナイテッドアーバン投資法人による日本コマーシャル投資法人合併劇などが起きた。第6章では、上場リートを襲った最初の試練の状況や、その背景を実体験者からの取材をもとに分析し、Jリートの意義と課題について私見を述べたい。これと関連して、現在、私が道慈キャピタルで実現したいと思っている不動産証券化業務のビジョンを説明する。

目次

第3章　事業革新としての証券化

第4章 救済金融としての証券化

第5章 さくら野物語——現在地からさくら野百貨店民事再生終了前後をみる

第6章 不動産証券化の未来へ

第1章

証券化とは何か

1 証券化取引の定義

資本の回収手段

日系、外資系の２社で合計27年超働き、そのうち半分以上の期間をなんらかのかたちで「証券化取引」の仕事に費やした。しかし、「証券化取引とは何か」と自問してみて、すぐに満足のいく答えが出せなかった。このままだと「やはり証券化は錬金術であって、社会的な意義のないビジネスであった」といわれたまま、歴史に埋もれてしまいかねない。そう考えて、以下の定義にたどり着いた。

証券化取引とは「所有者が、キャッシュフローを生む原資産（不動産、金融資産）を、原資産とは別の性質をもつ証券（みなし有価証券を含む）に持ち替えて、その一部または全部を資本市場に売却して資本を回収する取引」である。それは原資産の単純売却と比較して、①継続性と信頼性のある資本回収方法を原資産保有者に提供するという性質、②原資産の処分をしつつ、その資産に継続的なビジネス上の関与を続けることができるという性質のどちらか、あるいは両方をもつ。

証券化取引は資本回収のための取引なので、資産の通常売却と同様に、売主の倒産によっても資産が売主（破産財団等）のもとに取り戻されないという意味での倒産隔離が必要条件である。そうでなければ、資本が回収されたのではなく、起債や借入れよりコストがかかる出来の悪い資金調達にすぎない。これが真正譲渡論というかたちで議論になる。倒産隔離は資本回収の前提として、証券化取引の定義に含まれる。

継続性と信頼性のある資本回収方法

「継続性と信頼性のある資本回収方法を原資産保有者に提供する」という証券化取引の性質は、スキーム図を書いたり、倒産隔離を論じたりという切り口からはみえてこない。それは証券の本質に根差している。証券は、証券保有者を権利者と認め、証券の流通＝価値の流通とするところに特徴があり、その証券が取引される場が「資本市場」である。証券化取引をする者は、この資本市場で証券を売却して資本を回収するのである。

「持ち替えて資本市場に売却する」ことが「繰り返し行われる」ことは、反復される当該取引が付加価値を創造しているという推定を与え、原資産の保有者にとっては継続性と信頼性のある資本回収の道が拓けたことになる。ちなみに、売りにくいものを無理やり売ると、ストレスがかかった分、正常な価値から減価されるので、投資銀行ではこのような予測のつかない減価に巻き込まれるような資産は初めから仕入れない。

資産へのビジネス上の関与の継続

単純な資産売却では当該資産の活用による収益機会が失われるところ、証券化取引では証券化した資産に付随するビジネスを継続することができる。金融債権の証券化がよい例であろう。原債権者が保有する債権を第三者に譲渡する一方で、利息や元本の回収業務を継続することにより、原債権者はサービシング手数料を得るほか、「お客さま」である債務者との良好な関係の継続という、より価値のあるものを守ることができる。債務者へ債権譲渡通知をせずに、債務者との関係においてはあたかも従来どおり債権者であるように振る舞いながら、債権に投下した資本を回収できることが魅力なのである。

資産の使用を継続できるという条件でもなければ、会社としては単純には売却に踏みきることができない資産（重要な営業資産、あるいはコア事業資産）こそ、実は証券化のニーズが強い。抽象的にいえば、「賃借料を譲受人に支払いながら、原資産保有者が事業を継続する」のである。小売業の店舗証券化などがこのタイプの典型であった。

資金ではなく「資本」

証券化により「資本を回収する」というのは、原資産保有者の平均的な借入れによる資金とその利息、および自己資本に帰属する資金とそのリターンを資産の売却によって回収するという意味である。加重平均資本コスト（WACC（注））というときの資本は、自己資本（株式）と他人資本（借入れ）の平均的な期待利回り（＝コスト）を指している。この意味での資本という概念を証券化取引の定義に組み込むことにより、証券化が資本効率の最大化を目指した取引であることを示したかった。

原資産保有者が証券化したときの資金調達コストと、本体で借入れを行ったときの表面コストだけをとらえて、その有利不利を比較することがある。教科書でも証券化取引のメリットとして、「企業自体の信用力が不足している場合に、資産のみの信用に依存する証券化のコストのほうが表面利率で安く仕上がる」と説明されることがある。しかし、実はこのようなケースは稀有である。信用のある資産があり、それを売却できるのであれば、その資産を単純に売却することがいちばん簡単な解決法だからである。

借入れのような資金調達と、証券化のような売却型の資本調達とを単純な表面利率の計算でコスト比較することはできない。前者は負債の表面コストだけが数値化されるのに対して、後者は資産の認識中止を伴うから資本の回収が含まれるのであり、その効果を検討する必要があるからだ。資本の回収効果は、原資産保有者の資本コストに左右される。上場市場から回帰分析する方式や、私募ファンドの投資家期待利回りから逆に推定する方式など、適宜、妥当な方式で資本コストを推定し、WACCで比較するならば、ある程度、有利不利は一元化した数値で比較可能であろう。WACCを使えば、原資産関与効果を含めた証券化のリターン（ないしコスト）を計量化することもできる。継続的資本回収を前提にすれば、同じ資本を何回も回転できるから、投資銀行のような資本コストの高い企業の経営目標に合致する。実際、投資銀行は新規事業の立ち上げの際、資金コスト（経費的現金流出）と資本コスト（リスク調整後資本期待リターン）の双方で採算を計算して内部許可をとる。

ただし、証券化取引には直接には数量化できないメリットも存在する。民事再生中の会社にとって、事業を上向かせるための設備更新投資を大規模に行うことはむずかしい。再生債権者は「そのような資金があるなら既存の債務を返済せよ」となるからである。こういう壁を乗り越え、再生に寄与する資本を調達することも証券化の技術で達成された。

（注）ＷＡＣＣとひと口にいっても、上場株式を対象にして確立された手法や、不動産価格をディスカウントモデルで評価するために不動産研究所が市場でアンケート調査する期待利回りなど、方法論と指標は必ずしも単一ではない。しかし、その原資産に最適な方法は必ずある。資産の処分＝自己のバランスシート（ＢＳ）での認識の中止を伴う売却は、その資産の買手が想定する資産市場固有の資本・負債構成比があり、また、そのリターンの期待値も存在しているものである。

2 投資銀行のビジネスモデルと証券化

Ｅｘワラント債のリパッケージ

証券化は少なくとも最近まで、投資銀行のさまざまなタイプのビジネスを支えるキーパーツとして成立してきた。意外と知られていないが、ケイマンＳＰＣを使用する嚆矢となったのは野村證券の新商品であった。日本での証券化の始まりの一つといっても過言ではないだろう。

「リパッケージ債」という分野があったのをご存じだろうか。日本企業が成長著しい１９８０年代に、ユーロ市場では大量に海外ワラント債という外貨建ての商品が発行された。海外で人気のある日本企業の「ワラント」を切り取った残りが、Ｅｘワラント債ないしポンカス債と呼ばれていた。

ドル建てで、クーポンがほとんどついていない代わりに、発行額面に対して価格が大幅に割安になっていた（金利の状況によるが7割程度の価格であった）。そのままではとても売りにくい代物である。海外投資家は、運用効率のよい切り離されたワラントだけを欲しがるので、ポンカスが大量に残る。その販売が重要なテーマとなった。最初はアセットスワップという手法や、長期為替予約を使ってポンカスを販売した。ドル建て債券を為替ヘッジして、円建ての利回りのよい商品に仕立て上げるという取引だ。

ポンカス債は、ワラントを切り離してしまうと、同年限のドル金利よりも低いクーポンで発行されている分、割引の時価になり、不人気であるがゆえにベンチマークの利息よりも高い利回りがついた。通貨スワップをすることで、相対的に高い確定円利回りの合成債券ができあがったのである。当時、運用資金を大量に保有していた損害保険会社などから、事前に予約が入るような人気商品になった。

しかし、為替予約やスワップを投資家自身が行うために、投資家は債券だけではなく、デリバティブのポジションを自己管理しなければならず、途中処分の流動性等が失われるため、大量消化には限界もあった。そのうち、証券会社にとってはポンカス債の販売力が海外ワラント債の引受競争に大きく影響するという事態となった。そこで、安定的かつ継続的にポンカス債の在庫を売却して、ポンカス債在庫に回る資本を早期に回収するべく考えだされたのがリパッケージ債であった。

倒産隔離したケイマンSPCにポンカス債を入れて、ドルのキャッシュフローを円建てのジェネリックな債券らしいキャッシュフローにスワップして、リパッケージ債という商品に仕立て上げる。こうしたアイディアは、繰り返し使うことができて、スワップを嫌がる投資家にもポンカス債の販売を可能にしたのである。

いまでこそケイマン諸島を利用する事例はよく知られているが、当時は画期的な方法であった。日本企業の発行する海外ワラント債の引受けという事業に、大いなる競争力を与えたのがポンカス・リパッケージ債であった。この時期の日本企業の資本増強は、日本経済の隆盛を陰で支えた。

不動産ノンリコース・ローンの証券化

2000年代に入ったころ、不動産ファンドや不動産会社が不動産を買収するときの資金調達方法として、ＧＫ-ＴＫ（最初はＹＫ-ＴＫだった）スキームがブームを迎えた。ＧＫとは合同会社、ＹＫとは有限会社のことである。不動産（信託受益権の譲渡のかたちをとることが多かった）を買収するにあたり、不動産投資家の自己資金がＴＫ（匿名組合）で出資され、残りの資金を金融機関がＧＫにノンリコース・ローンで提供するというスタイルだ。

ＧＫ-ＴＫスキームによる不動産ファンドの勃興は同時期のＪリートの隆盛とあいまって、２０００年以降に日本で発生した不動産ミニバブルを支えた。そのような新しいファイナンスを介して数兆円規模の投資資金が日本に流入し、不動産取引が活発となった。

最初は邦銀もＧＫ-ＴＫに対するノンリコース・ローンを提供したが、おもに外資系投資銀行やノンバンクが外資系ファンドに提供するというパターンが多かった。外資系の投資銀行やノンバンクは、初めからＣＭＢＳを使って資本回収をする予定でノンリコース・ローンを出すのである。

外資系投資銀行は伝統的に自分の出したローンを初めから分売前提で約定しつつ、大部分をシンジケートアウトまたはＣＭＢＳ化するかたちで仕事をしてきた。当時の一般的な業務ルールでは、貸付実行から６カ月程度が公認の原材料在庫期間（ローンをローンのままで保有できるという意味の期間）であり、それを超えて保有を続けると与信セクションから目をつけられた。いったん在庫が落とせなくなると、それ以降の新規融資ができなくなる厳しいルールであった。

簡略化したモデルで説明しよう。

商業銀行はノンリコース・ローンを「保有する」資本力があるので、５００億円を５年間投資して、１年に平均１％の利ザヤを稼げるとする。年間５億円の５年分で25億円を稼ぐことになる。

これに対し、投資銀行は在庫リミット6カ月で平均的に使用可能な引受資本１００億円（ピークは２００億円程度になるが、少ないときはゼロになる）を与えられるものとする。これを使って、１年に5回融資を実行しては証券化して転売する。証券化１回当りの収入（手数料、経過利息等）を１％とし、１回当り当初簿価０円のＩＯ（原資産が利息のみの証券）とローン全額の５％分の最劣後債が帳簿に残り、これは投資勘定に移してもよいとする。劣後債の利ザヤは6％、ＩＯは形式額面（＝１００億円）に対して加重平均０・２％の期待利息を生むとする。また、ローンの平均回収期間は2年とする。

１年終わると、投資銀行には１００億円の１％が5回転した5億円が入る。5年で25億円になる。

加えて、平均2年の回収期間のローンに関するIOが100億円×5＝500億円分帳簿に残り、1年で総額面の0・2％を稼ぎだすので、2年分で2億円ということになる。1回当りの融資で5億円残る最劣後債が年5回分で25億円投資勘定に残り、平均2年にわたって運用されるとすると総額3億円。両者合わせて5年で25億円が追加で入り、合計収益は50億円となる。

一方、使う平均資本は100億円と投資勘定の25億円の平残2年分50億円の総額で、150億円ということになる。

銀行の場合と比べて、投資銀行は3割程度の使用総資本に対して、2倍のリターンが達成される。むろんリスクも高いので、引当てをしなければならない。50億円の劣後投資の40％を引き当てるとすると、20億円だ。合計収益50億円から20億円を引き当てて、30億円となる。このモデルで資本収益性をみると、単純比較は本来するべきではないが、約4倍の総資本効率となる。これが資本回収の威力である。

3 総資本回転モデルのその後

CMBSファクトリー

資本効率を求める投資銀行は、おおむね前述したような思考経路で動いてきた。景況のよいときは、IOや最劣後まで売却できることもあった。もちろん利回りのある資産を売らないほうが部門としては楽なのだが、今期の利益目標があるので仕方がない。そして、回収した資本をまた新しいローンに投入するというかたちで利潤追求をし、要求される高い資本リターンが達成できたのである。私は、こうした資本回転ビジネスは運用を間違えなければよくできたモデルだと思う。

同時期に本場アメリカのCMBS部門は最上級トランシェから最劣後まで買ってくれる投資家を多数顧客にもち、どんどんCMBSを販売した。その結果、不動産の流動性は高まり、大いに値上がりし、処分されてCMBSの担保になったローンはどんどん償還されていく。処分を可能にする購入資金は、新たに同様のローンで調達される。こうして積み上がる成功事例はさらに市場参入者を呼ぶことになり、市場はますます盛り上がるという循環に入っていった。隆盛を極めるころには、投資銀行がＣＭＢＳ業務関係の取引先を招いて勉強会と称する接待イベントが行われた。余興にロックのスーパースターが派手な演出で登場することもあった。

需要が高まると、投資家に商品を安定供給するためにファクトリーともいうべき組織が形成された。ローンの担保を評価するアンダーライター、貸出営業をするオリジネーター、仕入れられたローンをウェアハウジングしてポジション管理をしたり、ＣＭＢＳに切り分けたりする部門をストラクチャリングとか、キャピタルマーケッツと呼んだ。与信を許可する部隊はクレジットと呼んで、さすがに別部隊で存在した。全体をみる仕事は、部門長級の幹部が行う。

アメリカ流の日本上陸で、東京にも同様の組織をもった「池のクジラ」がたくさん生まれた。本家はやはりモルガンスタンレーで、いちばんの大クジラとなった。リーマンブラザーズというセンサー異常を起こしたクジラもいた。私もイルカ程度であったが、同じ池でバタバタもがいたのは同じだった。

スローモーション・クライシス

アメリカでサブプライムローンの証券化の問題が起こり、日本のCMBS系の不動産金融にも陰りが出始めたあと、トドメを刺したのはリーマンショックであった。買手は流動性回帰のためにCMBSの購入を控えるようになり、在庫がたまった結果、外資系証券会社は資本使用を急速に中止した。新規融資の貸手が急速にいなくなった結果、そうした資金を背景に不動産投資をしていた数多くの新興不動産ファンドや投資会社は、とたんに新規投資ができなくなってしまった。市場参加者の減少は、不動産の流動性と価格の双方の低下につながった。

問題はそれだけではない。CMBSの担保になっているローンの返済が、ローンの担保になっている不動産の処分が進まないために滞り始めたのである。そのような環境では当然、借換えも容易ではない。「処分がダメなら、リファイナンス（借換え）で不動産相場の回復を待つ」というのが、CMBSを支える神話であった。しかし、今回のCMBS市場の破綻は、それを許すものではなかった。不動産が下がり始めたから売却できなくなったのではなく、貸付資本の急速な撤退によって、いわば自家中毒を起こすかたちで不動産の価格と流動性の双方が低下した。

　2000年以降の日本市場の不動産好況は、ある意味で外資系の投資資金やCMBS系のレンダーの資金で点火し、支えられていた。リーマンショックという外的な要因は外国資本の急激な退避（一種のキャピタルフライト）を促し、日本の不動産市場もエンジンを突然失ったのである。このような経緯で、新規・借換えを問わずに、主要な資金の出し手が引っ込んでしまえば、同様な融資を実行している邦銀も迂闊にはその抜けた穴を埋めるわけにはいかない。

　結果として、大変な負の連鎖が始まった。年間2兆～3兆円という規模の不動産向けノンリコース・ローンの返済がくるのに、新しくローンが供給されないことで、日本の不動産市場に参入した企業・ファンドはことごとくトラブルに巻き込まれていった。スローモーション・クライシスという言葉がある。命を失うような危険が確実に迫っているのに、絶対に逃げ出せないで、迫る恐怖をみていなければならないような状況である。スピードを伴う危機も恐ろしいが、恐怖を感じる時間が長い分、よけいに恐ろしさを増す。それをながめているのは、なかなか嫌なものであった。

正常な資産価格の形成を阻むもの

正常な価格形成ができなくなった資産を買いたたくのを仕事にしているファンド投資家を、ヴァルチャーファンドという。そういった投資家は、従来の市場参加者が形成していた価格帯とは根本的に異なる価格帯での資産購入を狙う。負債が使えず、コストの高いエクイティ資金で購入するのが直接の原因でもある。資金欲しさに換金売りをせざるをえなくなった通常の不動産ファンドから売り物を拾ったり、リーマンブラザーズのように破綻した売手の強制換価に対応したりする。さらに、ＣＭＢＳの担保になっているローンが返済されないことから、サービサーが回収活動の一環として行う処分に参加してくる投資家もこのような換金売りを狙ってくる。

担保不動産の質がよければ、正常な買手（大手財閥系不動産会社等の旧来の資金調達ができるプレーヤーや実需の伝統的不動産会社など）もくるので、ハイエナやハゲタカのエサにはならないが、少し劣る資産の場合には、エサの運命が待ち受けているのが通常である。最初は、資産の質の点からも問題は限定的という予想があった。しかし、当時の状況はどうも様子が違った。

質の劣る不動産とは、たとえば、最適ではないロケーションにあるオフィスビル、老朽化で賃料が上げにくくなったビル、用途が特殊なものなどである。このような物件には邦銀のローンがつきにくく、異常な価格形成の原因になった。それに加え、リーマンショックからの回復が起こる前に、東日本大震災、福島原発問題、欧州危機と危機が次々に襲い、CMBS市場は完全に復活の道を閉ざされてしまった。当面、甦ることはないだろう。

危機だけが原因であればビジネスとしての復活もそれほど遠くはなかったはずであるが、自戒の念も込めて申し上げると肝心なことを知らないプレーヤーが市場に参加しすぎた。不動産が下がってCMBSが満額償還されないのは、悪いことではない。証券化商品の破綻とは、予定されていなかったことが起こること、約束されていたことが起こらないことが原因で発生するのである。一部の破綻そのものが問題ではない。参加者が相互に証券化市場を守り合う意識が必要だったのである。

第2章

財務開示戦略としての証券化

1 政策保有株のリパッケージ——マックスター案件

巨大な含み損失をいかに開示するか

日本の事業会社は、取引先の銀行の株式を保有する習わしがある。逆に、銀行も取引先の事業会社の株式をもつ。政策保有株と称する。20世紀末、金融危機で増資と株主の安定化に銀行が躍起だったころ、銀行の担当者は取引企業に政策保有株の増額を頼んで回ることもあった。

このように、なかば取引銀行の要請によって正当化しながら、銀行株を追加購入したり、証券会社からＥＢ（と呼ばれる株式で償還される可能性のある仕組債券）に大量に資金を投下したりしていた事業会社は、投資銀行在職中に私が担当したマイカルだけではなかったはずである。ただ、マイカルの政策保有株の含み損失は、いちばんひどい時は、大型の公募増資によってせっかく回復していた純資産勘定を、軽く半減させるほどの金額にのぼっていた。

本社と子会社で、分散して保有しているのもまずかった。政策保有株の評価方法として低価法を採用している会社は評価減が必要だったが、原価法の会社（本社もそうであったが）は評価替えが不要だった。決算には反映しないし、銀行株だから仕方がないとほっかむりできたかもしれない。「だからといって、大きな都市銀行でも破綻する時代に巨大な含み損失の存在が妙な噂になったりしたらまずいだろう」。報告を受けた財務部門の担当役員は頭を抱えた。

当時、政策保有株の評価替えは、低価法採用会社ならできるし、原価法採用会社でも「回復の見込みがない」と判断されれば強制減価することになっていた。しかし、回復の見込みなしとは取引銀行の株価に失礼である。また、含み損失の開示方法も明確になっていなかった。「連結で巨大な含み損失をどう開示するべきか」は企業の存続にかかる大問題であった。なんの手当てもないままに開示したら、無策を露呈することになる。当時は、ちょっとしたことが信用不安につながる時代だった。

相談を受けて、出た結論は以下のとおりであった。①これ以上の銀行株の買増しはしない、②リスク・マネジメントを確立して確実な収益をあげる、③もともとの政策保有分を除き、会社が許容できる範囲の損失を設定し、損切ラインを超えた株式は自動的に処分する、④上記の①～③についてコミットする、⑤以上の準備を前提に積極的に含み損失を開示する。

貸株とコールオプション売りで収益

まず、ケイマンに二つの法人をつくった。いわゆるSPCである。一つはキャプティブ型の運用会社で、マイカルの子会社。もう一つは、いわゆる慈善信託（チャリタブル・トラスト）を普通株主とする倒産隔離型のSPCである。

課題は「株式含み損失の開示」をして株主の経済判断を間違わせないことであるが、開示後も無為に持ち続けるのではなく、できるだけ株式の価値を生かして稼ぎながら、許容される損失の範囲で、当面の株価の上限値や原価に近づいた株式を徐々に売却し、価格変動の激しい株式の連結持ち高を減少させるという作業を行いたかった。

グループ各社に分散しているままでは、各社の本来の事業損益の違いなどのため、損益合わせ切りのような処理もしにくい。チャンスをつかんで合理的な損切りをし、また、まとまった金額で貸株（幸い価格変動が激しいことは、この手の取引により収益をもたらす）などの取引をするために、政策保有株を一元管理する必要があった。そこで、グループ各社から政策保有株をSPCに現物出資させ、総合的に「デリバティブ」での対策をするという話が進められた。

含み損失の大きいポジションを再生させるには、ポジションを増やさずに株式に仕事をさせることがいちばんである。銀行株のような取引量の多い、比較的流動性の高い株式がポートフォリオの大宗を占めたことは、実はラッキーであった。貸株をして稼ぐことができたからである。このポートフォリオでは、いわゆる「買付原価または、損切ラインをストライクとするカバード・コールの売り」を本質とする条件付貸株をすることにより、結構なリターンが稼げた。現金で返済されるときは、貸した株式は市場で処分され、含み損も消えていることになる。

ポジションを本体の信用力から分離

問題は、こうしたデリバティブ取引を当時のマイカルの信用力ではやりにくかったことだ。有担保であっても、「何かあったとき」の取扱いが完全には予測しづらかった。マイカルの企業信用力が、かなり弱っていたからである。すでに海外の勝手格付では、投機的水準にされていたはずである。債務超過という状況ではないにしても、取引相手となる金融機関にとっては、マイカルと貸株や条件付貸株（コールの売却型）を行うための与信枠を設定するのはむずかしかった。

当時、民事執行法の大家である新堂幸司先生の論文は、ＩＳＤＡマスター契約で取引する派生商品は、たとえ取引先企業が会社更生になっても、一括で差額決済ができるという考えをサポートしていたし、新法の制定で、金融機関が取引先事業会社との取引を一括精算できるという方向もみえていた。顧客から株式を借りて、逆に現金を担保として差し入れるという取引をするには、株式の市場価値に掛目をかけた分の現金を差し入れ、値洗いするのが通例だったので、一括清算さえ守られるのであれば、何も問題はない。借りた株式の価値と現金担保の差額を破産財団等に返済すればよいだけだからだ。

しかし、現実には取引否認にはならなくても、いわゆる「倒産法的再構成」によって、貸株取引が実質的に株式担保融資＝ファイナンスと認定され、担保金返還請求権が更生担保権とされる一方で株式は取り戻されるというリスクは大いに心配された。マイカルは個人社債を発行していたので、財務制限条項があったことも足かせであった。

そこで、「証券の証券化」ともいうべき技術が導入された。マックスターと名付けられたＳＰＣの普通株式を慈善信託にもたせ、原保有者であるマイカル・グループ各社の倒産手続にＳＰＣが編入されることを防止する。そして、グループ各社が保有している銀行株等の証券をＳＰＣに現物出資させ、各社には拠出した証券の時価に応じてＳＰＣの優先株を渡した。これは時価ベースでの等価交換なので、否認のリスクは考えにくい。

拠出された証券群のうちＥＢのような商品は特殊なスキームが多く、発行体やスワップカウンターパーティーのリスクなどを吟味して、時価を出すだけでも大変な作業だった。ＳＰＣのスワップカウンターパーティーとなる投資銀行はそうした作業を担い、それに基づいてＳＰＣの優先株の時価は毎日計算・把握されることになった。完全に時価を毎日トラックできるようになったのである。当時の危機管理としてはすばらしい内容であったと思う。

2　倒産隔離の威力――マイカル本体への救済融資

マックスターからの救済融資

ファンド方式で政策保有株の時価を刻々と把握しながら、連結での含み損開示に踏みきる時期がきた。まずは海外上場地で配布されるアニュアル・レポートで開示され、それに合わせて発表もした。これをみて、国内の一部アナリストは騒いだ。しかし、それは企業が直面している現実への理解もなければ、質問もなく、感情論以外の何物でもない印象だった。

ステークホルダーへの適時開示という感性がまだ鈍かった時期に、巨額な含み損の開示に踏みきったマイカル経営陣の英知と勇気は、褒めたたえられるべきである。経理が不透明だとか、怪しげな取引をするという評判を喧伝されたが、後々、世間を騒がせた隠蔽発覚名門企業群と比較すれば驚きの判断であった。１９９７年末ごろのことである。

ところが、このように１９９８年2月決算のヤマ場を乗り越えたところで、実はとんでもないことが起こっていた。同年3月末越えの資金逼迫である。当座貸越のようなロールの資金に関して、ほとんどの取引銀行が3月末の一時返済を要求してきたのである。銀行自体が健全性を問われる厳しい時代であった。当時、マイカルは運転資金をこの手の短期資金に２００億円から３００億円程度依存していたはずである。

本来、小売業は回転差資金といって、商品を信用で仕入れて現金で売るので、手元資金は潤沢なはずであった。しかし、チェーンストア協会に所属する大手のＧＭＳ（総合スーパー）各社は、新店舗の開発競争の余波から、回転差資金を含めた短期の借入れまで店舗という固定資産の取得のために使っていた。この点は店舗証券化の動機にも関連するので、ふたたび詳述する。

「マックスターを使ってなんとかならんか」。財務の幹部から相談がきた。その時点で、ファンド（マックスター）が保有していたEB以外の銀行株の時価は400億円超であった。私の所属していたクレディ・スイス・ファイナンシャル・プロダクツ（CSFP）は、マイカルから緊急の連絡を受けてファンドとの新しい取引に入ることをほぼ数時間で決めた。

まず、銀行株をファンドから一括で借り入れ、その担保として200億円の現金を差し出した。ファンドはその現金を出資者であるマイカル・グループ各社に担保として預けて、ファンドの優先株を各社から借りたのである。マイカルの財務部門の責任者は、各取引銀行にすぐさま連絡をした。「期末の資金返済やけど、ご要望に応じます。クレディスイスから200億円の与信枠を得たので」。

含み損を発表して苦しいはずのマイカルが、新規取引で、かつ、スイスの二大銀行の一つから巨額の与信枠を得たということに驚いたのだろう。期末には足もとをみて1週間の返済を求めていた銀行も、4月初日に、また融資するとやってきたらしい。危機はオーバーナイトで去ったのである。

トレーディングの論理

マックスターは流動性のある資産のみをもち、優先株という安定資本があり、さらにマイカル本体から倒産隔離されている存在であるがゆえに、ＣＳＦＰはトレーディングベースで瞬時に巨額の与信が決定できたのである。

ＣＳＦＰにとって、あくまでも取引の相手方はファンドであり、①ファンドのＳＰＣは普通資本がマイカル以外に保有されていて、②優先株主からは倒産申立てができないようにされていたうえに、③マイカルとの直接の債権・債務関係がない状態に設定されていた。

そして、マイカル・グループ各社によるファンドへの現物出資は優先株との等価交換であり、いわゆる「故意否認」の問題は発生しない。しかも、マイカルが倒産してファンドの中身の返還を要求される可能性に備え、マイカルに何かあったらファンドと投資銀行との間のデリバティブ取引は一括清算されることになっていた。

本件の場合、マイカル・グループ各社がファンドの優先株をファンドに貸して、ファンドがマイカルに現金担保を差し出すことになる。したがって、マイカルが会社更生になれば、優先株は取り返されて、ファンドの現金担保返還請求権は更生担保権として減額されることになるだろう。しかし、CSFPはこう考えていた。その場合、確かにファンドは困る。しかし、ファンドはマイカルの倒産には巻き込まれない。そうだとすれば、ファンドの貸株取引は一括清算され、CSFPは借株と現金担保の差額の現金をファンドに支払えばいいだけだ。

ここまでは、マックスター設計段階で検討していたものではなかった。しかし、SPCが証券化された資産以外のリスクから切り離されていたために、スピードの速い与信判断ができたのである。倒産隔離のなせる業であり、鮮やかであった。

日本の会社更生法の異常性

SPCの威力は大きい。事業執行上さまざまな債務を背負う一般企業から、その事業とは直接関係ない資産を取り出すことは、資産に与えうる信用を飛躍的に拡大する。担保資産が国債であれば、95%程度の掛目で資金を借りることができる。株券を担保に資金を借りるにしても、株券の流動性（出来高）が高ければ、60%くらいの掛目で借入れできるだろう。原保有者の破産から隔離されたうえで、差押リスクに対抗できるように対抗要件があることが前提である。

資産が本体ないし破産財団に取り込まれれば、原保有者の倒産手続に服するので弁済は微妙になる。それでも、会社更生法下で更生担保権にさえならなければ、担保付債権はある程度の回収を期待できる。「更生担保権」になる場合には、その弁済率は通常、十数パーセントになってしまうのが実務ではないだろうか。それを15年で分割返済し、金利もつかない。このような弁済率の低さは、世界でも類をみない。実務傾向として、欧米での担保付債権への弁済率は高い。無担保債権でもはるかに高い弁済率があるし、商業銀行も債権カットを早めに片づけて、できる限り経営再建を急ぐからである。

アメリカの倒産手続では、企業経営に精通した専門家がきわめて精緻に負債カット率と企業の復帰可能性を計算して数学的処理をする。日本と比べて負債への依存率が歴史的に小さく、立ち直るのに必要な債権カットの前に株主が責任をとるところで片がつくという事情もあろう。株主が減資に応じて債権者が株主になる、すなわちＤＥＳと呼ばれる事例も多かった。事業が回復して株式価値が復活すれば、もとの債権者はＤＥＳで取得した株式を売却して、失った元手を回収できる可能性すらある。

しかし、従来型の日本の会社更生のような激変的な処理をされれば、投資家はたまったものではない。原資産を移す器であるSPC自体の倒産隔離は、イロハのイとして日本でこそとても重要なのである。

3 オリンピア・アンド・ヨーク社のチャプターイレブン

ロックボックスに金がない

倒産隔離に細心の注意を払った理由は、オリンピア・アンド・ヨーク社破綻事件との関連が深い。1991年3月、ニューヨークから日本へ帰任したばかりの私には、当時、資金繰り危機説のあったカナダ籍ユダヤ巨大資本のオリンピア・アンド・ヨーク（O&Y）社が開発して、子会社SPCで保有するワールド・ファイナンシャル・センター・タワーBというウォール街のウォーター・フロントに建つ摩天楼を担保にした証券化商品に関する質問が寄せられていた。

通称「タワーB」と呼ばれたこの社債は、円高になるとドル償還金が増え、円安になると償還金が減るかたちで、円建ての元本を維持しながら7%のクーポンがつくドル建ての社債であった。キャッシュフローはほぼ全館を借りているメリル・リンチの賃料で賄われていたし、不動産には十分な担保余力があった。ドル元本を超える為替による増加額は、一種の為替オプション取引としてO&Y社本体にリコースされていた。

「賃料はメリル・リンチが支払うものですし、ロックボックスにいままでの賃料が入金される仕組みになっているので大丈夫だと思います」。私がそう話すのを聞いて、一応安心する機関投資家の担当者の顔を思い出す。ロックボックスとは銀行口座であるが、ローンのレンダーに対して担保として提供されている。そういう一連の解説も、もちろんニューヨーク側の担当者と連絡をとりながらのものであった。

「……てな説明をしましたので、日本の投資家さんは皆とりあえず安心しておられますよ」。ニューヨークの担当者と笑いながら話をした。「ただ、念のためロックボックスに本当に資金があるか確認したほうがいいでしょう」。当時、第三者サービサーという概念もなかったように思う。社債事務受託者はいたように思うが。だれもいままでロックボックスの中身を確認していなかったのだから、当然の注意義務だろう。「わかった、調べて連絡するわ。じゃあな」と、その夜は電話を切った。

翌朝のことである。「悪いな。調べたが、エスクロウ口座に金が入っていない。大変だ……すまんな」。ニューヨークの担当者の声はうわずり、落胆し、途切れた。

SPCも倒産手続に取り込まれる

タワーB社債自体に格付はなかったものの、発行時点のO&Y社の潜在的な企業格付は高いといわれ、投資家は安心して投資していた。一方、不動産担保だから、いざとなれば立派なビルが手に入る。ニューヨークで格の高いビルを手に入れることは至難の業だった時代である。まあ最悪それでもいいかと考える投資家もいたくらいだ。

しかし、やはり利息が出ないというのは、大変な不祥事である。「ロックボックスだから安全」という、うたい文句があったわけで、東京サイドでも大変な問題になった。しかも、相前後してO&Y社はチャプターイレブンを申請した。社債を発行していた子会社SPCも、O&Y社と資本関係があることと、SPC自体が利払停止をしたことから、いったん更生会社群に取り込まれてしまった。

チャプターイレブンは日本の会社更生法に近く、場合によっては十分担保された担保付債務の減額もありうるという説明をスカダンの弁護士から受けた。正直「なんだって?」と驚きを隠せなかった。なぜなら、失われたロックボックスの賃料由来の資金はさておき、元本等も含めて、まだまだ社債の元本利息を支払ってもあまりある大変な価値のある不動産が担保にあるはずだからだ。

ロックボックスがうまく機能しなかったことは、実は簡単（？）で、確か35カ所に分かれた契約書の関連部分を慎重に往復して読むと、O＆Y社が手形を差し入れれば、現金を引き出してもよいことになっていた。ひどい話だ。ただ、本体とともに子会社が倒産手続に服することになった以上、かりにロックボックスが機能していても、利息の支払いは止められていただろう。有名なオートマティック・ステイというやつである。子会社ＳＰＣを使ったことが間違いであり、為替等の取引で親の信用に一部依存したこともダメだったのである。

長い交渉を経て、日本の投資家は利息と元本の双方をおおむね回収した。ロックボックスから漏れた利息金は、いわゆる「更生債権」なので、回収がいちばん長引いた。しかし、ＳＰＣは社債権者のほかにさしたる債権者もなく、従業員もいなかったので、債権カットまでして再生させる意味もなかった。社債返済後の資産価値がキャッシュフローも含めて多大であったため、為替に関する親会社への請求権を放棄しつつ、借換えによってほぼ債務を返済できたのだ。

しかし、これはアメリカならではというべきであろう。かりに日本で同じことが起こっていれば、債権はカットされ、不動産はスポンサーと称する別の不動産会社にたたき売られ、余剰資金は更生管財人の手で他の資金使途に使用されただろう。

SPCを倒産隔離にするためには

日本に帰ってきて、彼我の倒産実務の経済性の驚くべき違いに触れた私は、O&Y社の悪夢が日本で起これば、より悲惨な事態になると想定していた。とくに会社更生法に至っては、担保をないのと同じくらいの扱いにしてきた。だから会社更生法適用の回避を最重要課題として、証券化業務の立ち上げの際の念頭においた。当時、このあたりのことを話すと、ピンとこない方が非常に多く、苦労したものである。

現資産保有者本体と資本関係のない有限会社や合同会社のような小規模事業用の法人形態が社債発行体や資産保有体に使われるのは、倒産隔離のためである。欧米にはLLCやLLPという課税主体にならない法人形態があり、人間を雇用せず、不動産保有に限定した役割を担うことも可能なのだが、チャプターイレブン自体の申請はできたように思う。ただ、かりにこのような会社が更生法申請しても、だれのための更生かわからないので、おそらく債権カットはされないはずだ。返済期限延長等の条件変更はありうるが。持分を否認される株主やリミテッドパートナーにとっても、倒産申請する意味がない。

これに対し、ＳＰＣが原資産保有者の子会社の場合には、趣が大いに異なる。本体の労働者は給料支払いを待っているだろうし、その他の債権者にも弁済しなければならない。子会社は普通ただではすまないのだ。

もちろん、独立ＳＰＣを使っても原資産保有者の資産に対する関わりが濃すぎると、同じく資本回収が否認されてしまうリスクがある。このあたりに真正譲渡論が行われる理由があるが、残念なことに会計ルール変更など意味不明な規制が強化されて取引自体がほとんどなくなってしまったので、議論の実益は少なくなった。

第3章

事業革新としての証券化

1 GMS業界が抱えていた課題

Jリートと店舗不動産の証券化

不動産の証券化というと、Jリートをイメージされるかもしれない。エクイティ型の証券をあらゆるタイプの投資家が購入できるし、取引所への上場により流動性が付与されるという意味で立派な証券化である。原資産を証券に持ち替えて、資本回収するというかたちにもあてはまる。

Jリートはいくつかの民事再生事例を通じて、倒産隔離が機能しない場合があることが露呈したものの、レバレッジを低く抑える不文律に救われて、それほど悲惨な事態にはならなかった。いまでは実質的にJリートの倒産は回避されるという市場コンセンサスができ始めている。不動産業界の努力は、さまざまな市場リスクの洗礼は浴びたものの、安定した市場の生成にたどり着いたようだ。

Jリート市場が始まったのは2001年9月である。マイカルの破綻も同じ時期だった。同社が先鞭をつけた店舗不動産の証券化は1999年9月に始まったが、Jリートと違って期待されたような発展はできなかった。

マイカル破綻で店舗証券化には「悪者」の汚名が着せられ、守りについたアセット・マネジメント会社、投資銀行、弁護士のチームは、投資家への元本返済を優先して、東京地裁の妥協案をのむことにした。訴訟を受けて立つことは可能だったし、証券化市場の発展にとっては重要だったのだが、結果として、詳しい事実関係はあまり表に出されないまま、結末を迎えた。

しかし、最後は破綻を強制されたものの、マイカルには自分たちの会社を立て直そうと事業革新に取り組んだ役員や社員たちがいた。マイカル店舗の証券化は、そうした事業革新を可能にするための金融技術だったことを明らかにしたい。

建設協力金方式による店舗新設競争

私が知る限りでも、マイカルが行った証券化取引には入居保証金の流動化、店舗付属設備の証券化などがあり、店舗証券化案件が生まれるのはそのあとのことであった。一連の証券化取引をみて気づくことは、当時のマイカルに可能だった通常の資金調達よりも、外見的にはコストが多くかかってしまう案件が多かったことだ。同社の証券化取引は、教科書によく説明のある「低コストの資金調達」ではなかったのである。なぜ、そのようなことをしたのだろうか。

「決算操作」「会計ギミック」「錬金術」といったレッテルを貼られたのも無理はない。会計的な動機は、通常より高いコストを支払う直接的なメリットになりやすい。しかし、必ずしもそういうことばかりが目的になるわけでもない。では、マイカルが証券化、とくに店舗証券化に期待したことはなんだったのか、そして、その技術醸成の過程はどうだったのか。ゆるりと解き明かさせていただきたい。

いささか長くなるが、本章のテーマを正しくご理解いただくために、「建設協力金方式」の説明をしよう。日本チェーンストア協会に所属していたイトーヨーカ堂、イオン、マイカル、西友、ユニーといった会社は大手スーパーなどと呼ばれ、当時の主力店舗はＧＭＳとも呼ばれた。

当時、この業界は大規模小売店舗をつくる競争の最中にあった。すべて更地を買収して、店舗を建設するという標準的な不動産開発による出店をすることは不可能であった。零細小売業の保護や、車によるアクセスがもたらす環境問題といった障害も多かった。よい場所を保有する地主には各社が殺到し、地主側も自分に有利な条件を提示する業者はどこだという態度で臨んでいた。土地を手放したくない地主を口説いて、土地を貸させて、念願の出店を果たすために活躍したのが、「建設協力金方式」という出店手法である。どこも大同小異で、当時の業界の慣行だった。概略は次の例で理解していただこう。

国内工場を閉鎖して、生産拠点を海外に移転する紡績会社が地主のケースを想定してもらえればわかりやすい。紡績会社は、①人員の整理と再就職、②土地売却を避けて工場跡地を有効利用してくれる事業の誘致をテーマにしていた。土地を売却することは、地主にとって必ずしも最適な選択肢ではない。安い簿価の資産を売ることで特別益が発生し、多額の課税が発生するし、従業員の再就職先もみつからず、工場閉鎖以後の事業収益も消滅するからである。

大手スーパーの店舗開発担当者は、当時こういう地主に営業に出かけたのだ。「ぜひ、土地を貸してほしい」。ただ、紡績会社にしてみれば、ただ土地を貸すだけでは、①はうまくいかないし、②も借地権をとられて土地を実質的に売却したのと同じになってしまう。とても簡単に合意はできない。そこで、生まれたのが建設協力金方式である。

大手スーパー開発担当者は、まず自分が建てたい店舗の青写真を地主にみせて、「あなたの土地にこのような建物をあなたの所有権で建ててください。うちが一括で借り上げます」と申し入れる。資金力のある地主であれば、そこからは収益性の交渉になる。資金力がない地主や用心深い地主は、「金がない」という。

そこで、店舗開発担当者は次のような提案を行うわけだ。「わかりました。上物の建設費用は私たちが保証金としてご用立てしましょう。なあに、15年や20年は確実に解約しないかたちで借り上げます。10年後から分割で返済してください。返済金を賃料で相殺していただいても大丈夫ですから。さらに、建物の管理や店舗従業員の仕事も生まれます。工場従業員の再就職のご相談もお受けします」。

こうして紡績会社は土地を売ることもなく、賃貸できる上物物件をただで手に入れ、懸案事項を片づけることができる。個人の地主であれば、相続対策にもなるのだ。土地を会社に現物出資し、その会社で借入れを起こして上物を建てる。その借金の返済は賃料で賄ってもらえるのだ。地主は大家に変身し、初めの10年は賃料が入るのに、金利支払いも返済もないので、すごく豊かな感じがする。最初は減価償却費見合い程度の賃料から徐々に賃料が上がっていく構造なので、当面税引き後の収支もとてもよかったのだ。

このかたちでたくさんのGMS店舗や大きなモール店舗が全国に建設され、おりしも自動車で買い物にいくのがブームになり、客寄せに新型の映画館チェーンの運営する「シネマ」が併設され、土日祝日の店舗周辺は自動車の混雑が社会問題になった。

以上のような背景から、多くの大型遊休地のオーナーには、GMS店舗の賃貸借契約の敷金とは別に、より巨額の保証金が差し入れられた。これは、大手スーパーというテナントから地主への貸付債権の性質をもつものであった。しっかりした契約の場合には、抵当権も打たれていたのである。これが、「建設協力金方式」での出店の概要である。

2 店舗資産をどのようにファイナンスするか

増殖する店舗関連資産

当時の大手スーパーのバランスシート（BS）には長期固定資産の項目にやたら巨額な債権が計上されているが、これは前記1で紹介した建設協力金がほとんどである。マイカル最後の有価証券報告書をみると約3600億円と、連結総資産約1兆8000億円の約20％にのぼる。これに土地・建物・付属設備などを合算すると約7500億円。総額1兆1000億円にのぼる店舗資産を保有している。結構大きな不動産会社ともいえる。

大手スーパーの財務部門の悩みはそこにあった。有形の不動産投資は半永久、長期保証金も20年前後と投下資本の回収にとても時間がかかる。資金繰りにも響く代物であった。それでも流通戦国、覇権を争う各社は、まずは出店してよい立地を確保する必要があった。出店そのものを規制する大店法から、大店立地法への移行も陣取合戦を激化させた。固定化して長期回収対象となる資産の増殖は、本業上の競争からくる負荷として受け入れざるをえないものであった。

そこで、大手スーパーの財務部門が「増殖を続ける店舗関連の固定資産をバランスシートからはずして、早期に資本回収ができないだろうか」と考えたのは当然であった。第三者が簡単に買えるものではないので、単純な売却にはなじまない。「証券化」に解決策を求めざるをえないこととなったのである。資産への事業上の関与を続けながら、資本の回収を図るという「証券化取引」の〝定義〟に合致するニーズがここに存在したのだ。

回転差資金の流用

第2章で述べたように、スーパーは仕入れを長いサイトで支払い、日銭を得る商売だったから、仕入先やテナントとの力関係が強ければ、銀行等から借り入れなくても運転資金には困らない。売上金を先に回収し、仕入支払いや売上預り金を半月から2カ月後に支払うことにより、捻出される資金を回転差資金という。回転差資金と短期借入れの合計額が流動資産総額をはるかに超える場合には、その一部が固定的な店舗資産の保有を支える状態になる。それが恒常化することは、けっして健全ではない。

マイカルの2001年2月期決算、いわゆる「最後の有価証券報告書」で検証してみよう。連結BSから、第三者からみて価値をもちうる資産項目と、有利子負債や商業信用といった第三者への確定弁済が必要な債務を選定して、それ以外の項目を削除する。さらに資産を、売掛金や棚卸資産などの「商業資産」「金融資産」「店舗資産（店舗不動産、ソフトウェア等の無形固定資産、そして問題の長期差入保証金のような長期の商業信用を合わせたもの）」の3種類に分けてみる。

それぞれの資産を保有するのに、ふさわしい資金調達はなんだろうか。やはり商業資産は、買掛、売上預り金、手形などの商業信用で支えるのが望ましい。有価証券、投資有価証券、貸付金などの金融資産は銀行等からの短期借入れで支えるのがふさわしい。店舗資産は通常、長期借入金や資本などで対応すべきだろう。ところが、マイカルでは流動性の低い店舗資産を支えるための長期資金や資本が不足しており、短期資金である回転差資金や短期借入金で穴埋めしている状態だった（図表3－1）。

3 マイカル店舗の証券化前史

増資か、資本回収か

ＧＭＳ店舗新設に伴って増殖する建設協力金等の固定資産をファイナンスするため、増資ないし長期資金の借入れを起こすという解決法は当然ながら存在する。店舗資産の増殖に並行して、公募増資等でリスク見合いの資本をどんどん増殖できる間はそれで問題ない。

しかし、現実には資本市場の消化力には限界があるので、店舗不動産時価が簿価を上回っているうちに、それを売って資本負荷を軽くするのが財務上の得策となってくる。いいかえれば、「資本の回収」を模索する必然性が出てくる。

失われた20年の最中ではあったが、店舗開発が新規店舗の周辺に賑わいをもたらし、少なからず店舗不動産の含み益も創造されていた。大型ＳＣ（ショッピングセンター）を開発して、そこで大規模小売店を展開する大手スーパーは、小売業者として消費者の支持を得ただけではなく、一種の不動産業者としても発展したといえる。

ただ、大型ＳＣ事業に適する立地が日本に無限にあるわけではなく、激しい競争のあとに効率の悪い店舗も残ることになった。個別店舗開発の投資としての成功・不成功を論じることすら簡単ではないが、あえて申し上げれば、ＧＭＳの成長にカテゴリーキラーの台頭が陰りを与え始めたころ、同様に不動産業としてのリターンにも陰りが出ていたのである。結果、株式増資による資本調達は簡単ではなくなっていた。

マイカルの経理財務部門が証券化に求めていた本当のことは、このような彼らの事情や背景を正確に知っていただければ、わかりやすいであろう。ＣＭＢＳがノンリコース・ローンを出す投資銀行の資本回収と回転を支えるためのものだったのと同様に、マイカルの証券化は、出店競争に勝ち残るための合理的で繰り返し使用できる資本回収手段の開発を目指していたのである。店舗証券化の前に行われた入居保証金の証券化や店舗付属設備の証券化でも目指したものは同じであった。

（単位：百万円）

294,855	156,103	支払手形および買掛金	短期商業信用
	138,752	その他	

72,118　調達超過　回転差資金といわれる

291,951	291,951	短期借入金	短期有利子負債

97,242　調達超過

869,382	41,306	設備関係支払手形	建設商業信用
	88,699	１年以内返済長期借入金	長期有利子負債
	23,500	１年以内償還期限到来社債	
	328,196	社債	
	5,355	転換社債	
	382,326	長期借入金	
160,903	160,903	長期預り保証金	不動産系商業信用

▲195,165　調達不足

1,617,091	**総客観負債**
25,805	**実質純資産**

PLに取り込まれて、初めて価値をもちうるような資産項目や第三者的価値を

負債。将来の損失や負担の引当て等を除外。
産は短期有利子負債で賄う。長期有利子負債や建設商業信用で、不動産や無

るテナントからの預り保証金でカバーされるべきだが、差額が発生する。
問したところ明快な答えはなかったが、注記の一部に、商品券が含まれると
ろうという当時の経理担当者の回答に依拠している。

図表３－１　マイカルの客観資産負債修正バランス

	商業資産	現金および預金	67,276	222,737
		受取手形および売掛金	48,833	
		棚卸資産	106,628	
	金融資産	短期貸付金	113,970	194,709
		有価証券	43,103	
		投資有価証券	37,636	
店舗資産	換金可能無形資産	その他無形固定資産	110,767	110,767
店舗資産	不動産	建物および構築物	423,167	745,711
		器具備品	33,340	
		土地	287,138	
		建設仮勘定	2,066	
店舗資産	不動産系商業信用	長期貸付金	12,570	368,972
		長期差入保証金	356,402	
総客観資産				1,642,896

（注１）　客観資産は、換金可能な資産。過去の投資の備忘的科目や、将来
もちえないもの（例「繰延税金資産」）を除外したもの。
（注２）　客観負債は、同様に、有利子負債や商業信用などの第三者向けの
（注３）　資金源ごとの原則は、商業信用で、商業資産を賄い、短期金融資
形固定資産（ソフトウェア等）を賄う。
（注４）　店舗不動産の確保で膨張した差入保証金は、一部、逆に転借人た
（注５）　流動債務のうち、金額の大きい「その他」は、当時の関係者に質
あった。おそらく、売上預り金、商品券、ポイントなどの合算だ

入居保証金の証券化

さて、歴史に戻る。

マイカル店舗の証券化の前に行われた入居保証金や店舗付属設備の証券化も、同社の資本回収の必要性に「応えようとした」取引とはいえる。しかし、証券化商品としてみた場合、それらの商品性には大きな欠陥があった。

欠陥とはひと言でいえば、「マイカルの企業としての信用力への依存が商品の根幹をなしているために、本当の意味の資本回収になっていない」ということである。

入居保証金の証券化において、本格譲渡になっている商品をつくることも可能であったかもしれない。しかし、少なくとも私がたまたま見聞きした銀行系証券会社が手がけたケースの場合、証券化の対象である入居保証金はマイカル・グループ各社に差し入れられたものであった。つまり、マイカル単体のBSを軽くするという効果はあったかもしれないが、グループ連結でみれば、その資本回収を図ることにあまり意味のない取引であった。

その入居保証金の証券化事例で発行された証券は、入居保証金の満期金で償還するといった償還の源泉がはっきりしないものであり、投資家はＳＰＣに付された銀行保証をあてにして購入せざるをえないものであった。また、入居保証金債権にはグループ各社が保有する店舗不動産について抵当権の設定予約がなされていたが、最後までその予約が実行されることはなかった。その結果、マイカルの倒産の際には、グループ各社も法的整理になったために、入居保証金債権は無担保債権として扱われた。保証していた銀行がＳＰＣに代わって債券を償還したので、最終的に入居保証金債権はＳＰＣに対して求償権を有するに至った銀行によって代位されることになった。

店舗付属設備の証券化

二つ目の事例も、銀行系証券会社の商品である。

これには、少しエピソードがある。私がまだ野村證券に在籍していた時期に、マイカル財務部から「店舗付属設備の証券化」ができないかという相談があった。

店舗付属設備とは、昇降機やエスカレーター、電源、ＨＶＡＣ（空調）、冷ケースといった店舗不動産に付属する設備である。すべて減価償却できる資産であり、ＳＰＣに売却して売主であるマイカルがリースバックして賃料を払うというかたちでキャッシュフローを生み出す性質であった。

また、資産プールは台帳に記載され、残存償却期間なども あったので、ファイナンスリース的に償却がほぼすむまで使用する契約を前提に設計することもできるし、オペレーティングリース的に証券化期間に合わせて賃貸借契約を締結して、期中キャッシュフローを引当てに証券化することも検討できた。もちろん店舗付属設備が独立した動産なのか、店舗不動産の一部なのかといった法律論議はあったが、ここでは触れない。

いずれにしても、店舗付属設備についてそういった証券化は可能であり、あらすじを書いた提案書を出したところ、勤め先の野村證券は総会屋事件に巻き込まれて、営業の自粛という憂き目にあっていた。アイディアはあっても業務自体ができない状態になっていた。このため、マイカル財務部のメンバーは同社の競争相手である銀行系証券会社にその提案書をみせ、「似たようなモノをつくれ」と先にマンデートを与えてしまったのである。

これに格付を付与した格付会社は、証券化の詳しい内容を秘密として開示していないが、聞くところによると、この証券化は、マイカル倒産時点でも存続していたらしく、倒産手続の洗礼を店舗証券化とともに受けたらしい。確たる証拠はないが、当該証券化商品の担保となっていた店舗付属設備は資産譲渡を否認されたか何かで、投資家の保有する権利は無担保の更生債権になったという噂を聞いた。更生担保権にすらならなかったというが、どうすればそのような結果になるのか、むしろ不思議な感じがした。

どうやら証券化商品を発行するＳＰＣへ店舗付属設備を売却したものの、その償還金確保のために、満期に合わせて当該付属設備をマイカルが買い戻すという仕組みになっていたようだ。これに格付を与えた格付機関は、マイカルの信用力を利用することから、その範囲で格付をしたのであろう。でも、それでは資本の回収になっていない。

証券化にあたって資産の価値のみを償還の引当てとせず、当該資産の原保有者の事業関与を超えた信用関与（原保有者の信用力全体に負担をかけるような、保証行為・過度の信用補完など）が残るのでは、それは原保有者によるただの借金であって、手間とコストをかけるだけムダである。ただ、そうしたものであっても、模索のプロセスのなかで本物を生み出すための通過点だったといえなくもない。

4 マイカル店舗の証券化の設計

売却のためのリースバック

前記3のような試験的な証券化を経て、マイカル店舗の証券化は世に問われることになった。

資本回収である以上、店舗不動産は売却されなければならない。しかし、店舗不動産を使用収益して利益をあげる小売業をやめるわけにはいかない。店舗不動産を売却して、かつ、自分が使用収益し続けるためには、セール・アンド・リースバック取引が必要になる。まずは、リースバックが「必要不可欠なキーパーツ」である理由に軽く触れておきたい。

マイカルのような大手スーパーが運営していたショッピングセンターの売場は、大きく三つに分けることができる。まず、全売場面積の約半分ほどは、大手スーパーが自前の商品在庫を抱えて運営する食品部分や、日用雑貨、実用衣類（下着、靴下等）を売る「自主売場」部分が占める。残りの半分は、アパレル業界等に場所を貸して売上連動の賃料を受け取る「コンセ」と呼ばれる一種の転貸売場と、固定賃料で場所を転貸する「テナント」に分割できる。いいかえれば、大手スーパーは店舗のすべてで自前の小売業を展開しているのではなく、約半分は小売用不動産の転貸事業をしているのである。

コンセに出店する業者やテナントが大手スーパーの店舗に出店するのは、次のような理由による。

① 大手スーパーの必需品売場には集客機能がある。

② 売上金の管理、レジ・POSシステムの提供、売場従業員の休憩室の提供といった、路面店ではコストの高いインフラが、すでに準備されている。

逆にいえば、大規模小売店舗は商業施設として、その全体に大手スーパーによるサービスが付加されている。店舗不動産の所有権者が変わったとしても、新たな所有権者がコンセやテナントとの間の商慣行や、近隣関係、行政との関係など多くの関係者と結ばれた契約関係を見直すことはほぼ不可能である。したがって、当時の大手スーパーが店舗不動産を売却しつつ、店舗としての使用を継続するためには、自主売場に限定してリースバックを受けるという方法はありえないことになる。

こうして、マスターリース（一部転貸することを前提に一括して不動産全体を借り受ける契約）によるリースバックが必要となった。マスターリースによる店舗不動産の賃貸は、実は証券化の際に発展したものではなく、前記の建設協力金方式による出店において普遍的な取引であった。違和感のない市場慣行として、すでに存在したのである。この建設協力金方式での出店における地主の地位を不動産管理処分信託やＳＰＣが代位することを目標として、マイカル店舗の証券化の設計が始まったのである。

ＳＰＣを賃貸事業者化する手順

貸付債権に比べると、店舗不動産の売却と同時に、売手が買手と賃貸借契約を結んで、売った不動産を一括で借り受けるという一連の取引はとても複雑である。もともと不動産の売買契約は複雑なものだ。さらに、証券化で売却ということになると、不動産管理処分信託という要素も入るし、証券を発行するＳＰＣの設立なども面倒である。

不動産の売買契約では、隠れたる瑕疵がある場合はどうするかというような実物資産特有の論点から始まって、キャッシュフローの流れ、リスクや諸義務の負担の帰属など恐ろしく面倒な決め事が必要になる。そういった物権としての権利や義務の帰属を詳しくカバーするのも、リースバック取引の契約が中心になる。リースバック取引を支える賃貸借契約は、「長期一括賃貸借契約」という名で作成されることになった。不動産の所有権は名目上、信託譲渡を利用して信託銀行に移転するので、新たに所有者となる信託銀行との間で店舗不動産をどのような条件で一括賃貸借するかという規定である。

とくに大きな論点は、①賃料設定、②賃貸借契約の解約不能期間、③修繕負担、④競合避止、⑤情報開示の5項目であった。このようにまとめれば、すぐに問題が整理されるようにみえるが、実際にはリースバックしながら不動産の所有権が真正に買手に移転することを確保するために、会計的な見地、税務的な見地、法律的な見地、実務が回るかどうか、とくに現実のスーパーの商売に障害がないかなどといったことが積上げ式で研究され、整理された結果である。

税務・会計上のオフバランスルールの充足

まずクリアしなければならない必要条件の検討から始まった。

すでにその時代には不動産のリースバックに関して、会計と税法上の取扱いの観点から、明示的に売却処理の判定基準が定められていた。賃料の設定と解約不能期間の長さなどは、当時すでに会計上のファイナンスリース判定基準が存在した。税法上の所有権移転基準（賃貸人があまりに多額のリース料を確定的に受け取る約束をする場合には、賃借人が実は買主で代金の延べ払いをしたとみなされる）も存在しており、売却処理として資本回収を達成するための最低限の条件として、その範囲で物事を決する必要があった。

さて、その会計・税務上のオフバランス条件を前提にすると、前述①②の要素は相互に影響するので、総合的に検討する必要があった。詳細は触れないが、要は「賃貸借契約の解約不能期間で確実に計上される収入から費用を控除して残るキャッシュフローの（現在）価値が、不動産の価値と大差ない（90％超とされる）と所有権は移転せず、（いったん売却したとしても）実質買い戻しているのと同じと扱う」というルールである（注）。

このルールは土地という償却不能な資産を含む不動産ではなく、動産ないし償却資産を中心に想定したファイナンスリースの判定ルールであるように思えた。ただし、「ルールはルール」というご意見が多かったので、敬意を表してこのルールの範囲で賃料設定と解約不能期間の設定をした。このことは、公開されている目論見書にも明記されていたはずなのだが。

解約不能期間がこの手の商業施設のリースにとって、結構重要な要素であることは、直観的には理解されているが、実はあまり整った説明がされていない。後記6で少し整理してみたい。また、自己所有の不動産をリースバックするときの賃料水準について、いまだ定説のない時代だったので、賃料も大変重要な論点であった。賃料決定の苦労も後記6に譲って、まずはクリアすべき外堀の議論から説明していく。

（注）2006年にファイナンスリースに関する会計ルールが整備され、土地という償却不能な資産に関してファイナンスリースは適用しないという趣旨が明記された。当時この見識が徹底していればと思う。建物に関してはまだ適用するようだが、ルールがおおざっぱすぎて実務上はなかなか面倒である。

5 ファイナンスリース判定基準と店舗修繕負担の帰属

不動産の減価償却と賃料

売却対象になる店舗不動産は、（リースバックされるので）借家権という権利が付着する建物と土地といいかえてもいいと思う。さらに建物は細かく分ければ、躯体、構造物、電気系統、エアコン系統、水回り、店舗設備、基本内装などの複合体である。

実物的な整理分類をすると、償却できない土地等と、長期の償却資産である躯体構造物、そして比較的短い償却資産の合成資産ということになる。

前記4で説明したように、当時の会計・税務上のオフバランスルールは「賃貸人が受け取る賃料から賃貸人の費用（固定資産税等）を控除したキャッシュフローの割引現在価値（割引率も常識的なものという大まかな規定だった記憶がある）が、不動産の売買価格の90％を超えると、賃貸借ではなくファイナンスとみなす」というものだった。しかし、このルールは償却資産だけで構成されている資産には妥当かもしれないが、前述のような構成をもつ不動産には本当は不適当なものである。

償却資産がすべての場合には、残価10％を設定して減価償却されるので、賃貸人が受け取る賃料のうち、元本返済に相当する部分は償却費とバランスする。いわば売上げである賃料のうち元本返済に相当する部分は、減価償却によって課税されないかたちでファイナンスの部分を構成するのである。真正譲渡論で最近の通説になりつつある「隠れたる債務」は、このような税の観点を加味してこそ明快に浮き上がってくるのだ。

これに対し、不動産の場合には、①店舗不動産の価格の約半分を占めるのが土地等の償却不能資産であることに加えて、②建物の根幹をなす躯体の償却年限が60年とやたら長いという二つの原因から、当時の通常の純賃料（取引元本の5～7％程度か）に対し、毎年の減価償却費用は取引元本の1％弱～2％程度にしかならない。

かりに純賃料を取引元本の7％とみて、償却費を2％、法人税率を40％とみると、1年度当りの不動産価格に対する課税後のキャッシュフロー率は次の算式になる。

［算式］（7％－2％）×（100％－40％）＋2％＝5％

なお、ここではレバレッジの効果は考えていない。賃貸人が借入れを行って収益不動産の保有についてレバレッジをかけると、金利は費用化できるが、元本回収との関係ではあまり意味がない。元本回収にあてられるキャッシュフロー部分について、結局どこかで税金を支払うことになる。

会計ルールでは明快ではなかったが、かりに割引率を4％（歴史的には低い数値だと思う。加重平均の割引率を前提にしている）とおいても、元本90％を回収する年限は39年となる。10年や20年では90％回収はとてもおぼつかない。したがって、不動産へのファイナンスリース・ルールの適用は、最高裁判例をルール化したものであるとするならば、原理的にはあまり妥当ではなかったのである。

ここまで説明すれば、「賃料で元本回収ができる」セール・アンド・リースバックなどそう簡単に存在しえないということがご理解いただけると思う。この事実は、マイカル倒産後に提起された更生担保権論争の際に援用されれば、裁判になった場合には大いに証券化側の勝利に寄与したであろう。ただ、管財人団に「折れて」いただいたらしいので、表面化しなかっただけである。

修繕負担の帰属と賃料

「修繕負担を買手が負わない場合には、リスクが移転していない」などという真正譲渡論の初歩的なレベルの議論がある。結論からいうと正しくない。というか、実務的には判断材料にすらならないと思う。

修繕、すなわち、賃貸対象物の摩耗・劣化を復旧して使用状況を維持・回復するコストの負担は、賃料の一部を構成するコスト要素にすぎない。賃貸人にコストが転嫁されれば、その分賃料も高くなるだけである。修繕負担の帰属と所有権の移転の問題とは切り離されるべきである。

もちろん所有権が移転すれば危険負担は移転するのであって、躯体の損傷への対応義務は当然に賃貸人が負うわけだし、天災地変によって賃貸対象物が滅失したような場合には賃借人は賃貸借契約を解約することができる。とくに躯体・構造物の滅失のリスクの移転は、本件証券化では行われていたのである。こういう本質的な要素と日常の修繕義務の帰属とは峻別して論じられるべきである。

「賃貸借期間中に物件が倒壊した場合には賃料を請求できず、また譲渡代金相当額の支払い請求をする根拠もないような賃貸借契約となっているときは、やはり真正売買と認めるべきである」（『企業金融手法の多様化と法』徳岡卓樹著、日本評論社）というように、危険負担の移転が不動産譲渡の核心的な要素であることは議論の余地もなく、不動産証券化にかかる譲渡においてそのリスク移転のない案件などない。

修繕負担を賃貸人と賃借人のどちらが、どの程度、負うかについては、アパート、事務所、倉庫、店舗など不動産の種類に応じて標準的な慣行があり、その慣行を前提に賃料相場が形成されている。そのような慣行からはずれる場合には、賃料で調整される。修繕負担を標準的慣行より買手に多く移転すれば、買手となる証券化ＳＰＣはその手間と費用に見合うだけ賃料を増やす必要がある。証券化による売却に即していえば、修繕費の不確実性が原因で投資家に支払うキャッシュフローの予測変動幅が大きくなるので、それをカバーするために賃料の水準も引き上げざるをえない。通常の大家との交渉も大同小異であるはずだ。

つまり、賃借人（＝原資産保有者）にとって、賃貸人に修繕義務を負わせるのは一見いいように思えるが、義務を追加で負わされる賃貸人（＝所有者）は、それに見合った賃料上乗せを要求するだろうし、何よりも修繕判断を自分のスペックで行うようになる。修繕不足を原因として、賃借人や第三者から損害賠償請求やクレームなどを受けたくないからだ。また、賃借人が自分で修繕費用を負担する場合にはできていたコスト削減の工夫も、オーナーの目にはリスクと映る。結果、現場で工夫してできるだけコストを下げるという小売業の大切なオペレーションの余地を奪うことになってしまう。

こうして最初は稚拙な押し付け論からスタートした交渉であったが、修繕は従来どおり、できるだけ賃借人が行うという結論にたどり着いた。賃借人側の会社と賃貸人側の投資家（資本市場の場合には投資銀行等の引受会社が前面に立つのだが）がお互いにニーズを突き詰めた結果、ほとんどの修繕は原則として賃借人が行うほうが合理的であって、躯体に影響のあるときには賃貸人がリードするというきわめて当り前の結論にたどり着いたのである。

6 賃料と解約不能期間のゲーム均衡解

店舗開発後の資本回収方法

マイカル店舗不動産の証券化は前述のように、「小売業の事業全体のなかから店舗不動産を保有して一括で賃貸する業を切り取り、事業と資産ごと転売してもそれほど問題はない」という当り前の発想から始まっていた。

もちろん投下した資本のリターンが十分に実現しないうちに、ポンポン証券化するというわけではない。リターンは立地創造によって店舗の近隣地の価格が押し上げられ、賃料が上昇するという効果が発生して安定する。その際、小売業は資本回収のために、近隣の賃料よりも先行した分、安い賃料で営業できることによる小売業（転貸収益も含む）の粗利の改善で地道に回収する方法と、低下した資本化率を利用して不動産を第三者に売却して回収する方法の二つをもっている。

これは大変、重要なことである。ウォルマートの子会社になった西友の方から聞いた話だが、同社では、小売業として売場面積当りで許容できる総固定費（fixed chargeという）

が小売業のタイプにより決まっていて、それを賃料で支払った場合に7％以下の資本化率（CAPレート）で店舗不動産が売れる場合には、資本回収が有利と判断して売却するルールがあるという。世界一の小売業の考え方だけに、興味深い。

ただし、小売業者が店舗を売却する相手先は、現場にあまり口出しをしない受動的投資家であることが望ましい。投資家に「できる限り賃料を上げる交渉を続ける」という闘争宣言などをされると、営業コストにもろに響く。将来の値上がり期待よりはインカムゲインを楽しみ、かつ、元本回収の安全性を中心にしたい投資家から資本を出してもらうことが理想であった。

私は関係者との会合で、「証券化によって、資本市場が世界でいちばん協力的な家主になると考えてほしい。フェアな賃料を支払い、約束さえ守っていれば必ず応援してくれる」と説明した。証券化による資本回収が市場で継続的に受け入れられるようになれば、店舗投資の回転速度が著しく高まるという期待を述べたのである。

家賃設定における制約式

では、フェアな家賃とはなんだろうか。小売業者にとって、賃料は安ければ安いほどよい。しかし、賃料を安くすると資産は安くしか売れない。一方、相場より高い賃料を設定しても、資産が高く売れるものでもない。客観的な賃料の収斂先はある。

小売業からすれば、面積当りの収益性（坪効率という）から、支払える範囲の賃料は計算できる（fixed chargeと同様の考えである）。これを小売業制約式としよう。

賃貸人からすれば、店舗不動産を保有するための負債コストと資本コストは、資本市場に問いかけることによって導かれる。これを、資本市場制約式としよう。

それ以外に、取引事例から導かれる賃料の〝通り相場〟というものもある。いわば不動産市場制約式となろう。

この三つの不等式のなかで賃料は決まると考えるのが妥当である。

ここで気をつけるべきは、売却側の小売業者は賃料を高く設定して店舗を高く売る動機をもっていないということだ（注）。不動産を自己保有する場合、減価償却費は営業費用となり、固定資産税や支払金利は経常費用となる。ところが、リースバックだと、買手の減価償却費に加えて保有コスト（固定資産税、保険料、金利、資本の期待収益などの合算値）を賃料として支払うので、営業費用の増加につながる。大切な営業収益を犠牲にして、特別利益をあげにいくことは企業の基本動作としてありえない。むしろ投資簿価を回収できれば十分だから、できる限り賃料を下げてくれというのが異口同音のリクエストになるのである。

一方、賃貸人側からすると、できる限り安い賃料を採用すれば、相対的に低い価格で不動産を買うことになるので、その意味ではむしろ歓迎できる。ただし、賃料とパラレルに不動産の価格が下がるわけではなく、賃料を下げると価格利回りは加速度的に下がってしまう。不動産価格にも賃料によらない下限というものがあるからだ。したがって、おのずと適切な妥協点は決まってくる。

長い解約不能期間が必要な理由

では、賃貸人にとって低めの賃料設定を経済合理的で妥当なものにするためには、どのような解決方法があるのだろうか。

それは、ひと言でいうと賃貸人のリスクの低減である。店舗不動産投資の最大のリスクとは、賃貸借契約を解約するオプションを賃借人に渡すことである。通常、借家人は弱者とされている。しかし、実は法律の過保護によって、借家人は実質的に期限なく借り続ける権利をもっている。一方、賃貸人は賃借人に解約権を与えてしまえば、いつでも収入を失うリスクにさらされる。実は非常に不平等な関係なのである。

もちろん賃貸人は解約後、別のテナントに賃貸することでまた収入を得ることができるので、十分安めの価格で買ってあればリスクは相対的に低い。しかし、それには費用がかかる。本来、家賃のなかから償却費を支払い、リスクに見合った収益を累積していくことで、解約後の再賃貸にかかる費用を負担する余裕ができるところ、賃料が安すぎると、そういったリスクに備える収益の蓄積ができないことになる。

このため、解約による再賃貸のリスクに見合う収益を少なめの賃料で確保するには、その分、長期の解約不能期間が必要になってくる。これが、解約不能期間の長さが重要である理由である。あるいは、こうもいえるであろう。小売業者がもう少しで閉店して近隣に別の店舗を出そうと考えていれば、高い賃料で売却して、すぐ解約を申し入れるという可能性もある。つまり、長期の解約不能期間を受け付けないリースバックほど、賃料を高く設定して売り逃げされる可能性が高いことになる。

もっとも、実際には当時の税務・会計上のルールに照らして、ファイナンスにならない範囲の解約不能期間にせざるをえなかった。経済合理性に裏打ちされない会計ルールや法律論はナンセンスである。実物リスクが転嫁されない取引、すなわち、物がなくなっても賃貸借契約は消滅せず、賃料の支払いをしろという契約であるなら、ファイナンスとされるのは理解できる。そうでない場合には、償却資産性の薄い不動産にそうした考えをあてはめるのは大いに妥当性を欠くものと考える。

（注）まじめな企業を前提としている。高く売りつけてから、解約をちらつかせて家賃を下げにくる、収支データも示さない賃借人によって、Jリートが商業施設不動産を嫌うようになったのは関係者には周知の事実である。

7 負債・資本コストに連動した賃料更改のインセンティブ効果

賃貸人のリスク低減策

当時目指していた賃料水準では、解約不能期間の設定だけでは十分に見合いのリスク低減ができていなかったので、ほかにも以下のような手当てをした。

① 減価償却見合いのキャッシュフローは原則、負債を減少させるために用いる（リファイナンスの元本を減少させることで、デットキャップと呼ばれる数値を高くしてリ

ファイナンス期待値を高める。これは、経験則上大変有効であった）。

②　入居保証金を差し入れさせる（これに関しては、当時日本のオフバランスルールで明快に判断できなかったので、アメリカ基準を援用した。詳しくは後記10で説明する）。

③　CMBSと償還優先株の満期償還金をスムーズに確保するために、リファイナンスを支援する意味で、当初も含めて5年ごとに、その時点の賃貸人の加重平均の〝ファイナンスコスト〟（負債と資本のWACC）をみながら賃料を変動させる仕組みを導入した。15年間解約不能の5年ごと賃料見直し条項の導入である。

④　証券化する店舗を営業成績上位にあるものに絞り、かつ、10店舗程度の地域分散の利いたポートフォリオにする。

アンダーレントの回避

実際には賃貸借契約と発行する証券の大枠を決めたあと、賃料の検討が始まった。最初は不動産鑑定士からのアドバイスで、売上げの5・5％程度を目安にした。業界のざっくりした慣行だった。しかし、ここで当時のマイカル社長の鶴のひと声が出た。「家賃はできる限り低くしてくれ」。前述のように営業費用の増加を嫌ったのである。

当時、賃料はシンプルに世間並みの水準が望ましいと考えていた。市場の中央値を使うことで、「益出し取引」という中傷を避けたかった。また、あまりにも低い賃料を使うと、満期にリファイナンスが成功せず、不動産を処分する場合に、その時の賃料をあたかも合意された市場賃料とみなして、継続賃料の交渉のスタート台にされてしまうおそれがあった。そうなると、処分価格でローンや優先株を返済できないリスクが高まる。こういう状態をアンダーレントという。

本来、不動産は一般にだれもが借りるはずの面積当りの「市場賃料」を基準にリスク等を勘案して価格が決まる。ところが、なんらかの理由で当初の3~5年程度は低めの賃料とするという合意が成立した場合を考えてほしい。契約書に、「本来の標準市場賃料」はこうだが、こうした理由で当面の支払いは下限賃料で賃貸するという約束を明記しておかないと、一時的に安めの賃料を設定したことが裏目に出て、支払賃料=標準市場賃料という扱いになりやすい。

たとえば、巷間よく行われていたのが、15年間解約しない約束で、最初の3~6年は平均賃料より低い賃料だが、3年ごとに賃料が上がっていくといった契約だ。スケルトン賃貸の商業施設などでは、賃借人は開店時に持込資産の償却や開業費などの大きな負担をするため、総コストを軽減するために、当初3～6年は躯体と土地の賃貸料を低めに設定する。こういった場合に、きちんと契約書で「標準市場賃料は本来いくらであるが、長期の契約なので最初の負担を軽くしている」旨を書いておかないと、いざ賃料更改の際にあたかも最初の条件が標準市場賃料であったかのような主張をされる。

結局、ある程度の譲歩はしたが、常識的な範囲の賃料は支払っていただくことにした。前述のような手法で賃貸人のリスクを極限まで絞ることには同意をいただいて、リスクバッファー分の賃料を減少させ、WACCに占める必要エクイティの量を極限まで小さくし、それに支払うコストを減少させた。これにより、当初5年の賃料は不動産市場制約式の下限ともいうべき賃料水準に収まった。

資本市場を大家にする

こうして、15年解約不能期間ありで、5年ごとにその時点で資本市場から決定される負債と資本の加重平均コストと、減価償却費相当の負債減少を前提として賃料を更改するという画期的な賃貸借契約が完成した。

不動産の証券化と一般的に理解されていた仕組みでは、よく満期に不動産を売却して償還金を確保するという設計がなされる。これに対し、マイカル店舗の証券化では、不動産を売却するのではなく、ＳＰＣが不動産保有のための負債と資本を市場から繰り返し調達するために、そのコストを十分に賄えるように最初と同じ賃料決定方式を繰り返すという設計をした。

このことが「資本市場を大家にする」という考え方の反映だった。ＳＰＣがいちいち不動産を処分せずとも、その資本と負債をオープンな資本市場で競争原理のもとに切り替えれば、売却と同じ効果が得られると考えたのである。

ＳＰＣが資本・負債を入れ替えるごとに、そのコストに応じて賃料を更新するという仕組みは、特定の収益意思をもつ新オーナーとの間の無意味な利害対立（フェアだが面倒）や、解約権を振り回す賃借人の利益相反（インチキ）を排除する道でもあった。市場の声を聞いて賃料を変動させれば、不動産価格も安定する。

ただし、この資本・負債の調達のことを賃貸借契約書の文中で「リファイナンス」と表現したことが、最高裁判例の「ファイナンスリース」という言葉とかぶってイメージされ、後に災いを呼んだ可能性がある。

インセンティブ・サイクル

5年ごとの賃料改定がリファイナンスのWACCを前提に決定されるように設計されたということには、もう一つおもしろい効果がある。すなわち、原資産保有者である小売業者は、当該証券化が資本市場で信頼を獲得し、SPCの資本・負債調達コストが下がることの恩恵を、その新期間の比較的安い賃料というかたちで享受することができるのである。

賃借人はそういう協力メリットがあるからこそ、無意味に厳しい交渉をするのではなく、SPCに協力をして資金を提供する投資家のリスク低減に協力するようになる。そして、そういう協力姿勢が資金調達の繰り返しを成功させ、さらに市場の信頼を高め、リスクの評価を引き下げる。リスクが下がるので、賃料が下がる。小売業は儲かる。小売業者が別途SPCの債務を保証するといったことは、むしろ不要なのである。

これを「インセンティブ・サイクル」と呼ぶことにする。これが、実は隠れた大切な論点だ。証券化取引を支えるのは、オリジネーターの受益の意思と義務の履行なのである。資本市場という公器を利用するものが、受益の意思をもち、その見返りに相応の義務を負う。これによって、長期安定資金を提供する投資家の理解と支持が得られる。これは伝統的証券にも適合することだ。それを忘れた時、リーマンショック後の状況のように資本市場はその機能を低下させてしまうのである。

8 店舗ポートフォリオによるリスク分散

キャッシュフローの非対称性

これまでマイカル店舗不動産の証券化をオリジネーターの立場から説明してきたが、今度はリスク低減策が投資家の目からみてどのようにワークするかを説明してみたい。

まず、SPCが保有している資産をみてみよう。なお、実際の証券化では、格付取得に関連する技術的な必要性から、リースバックされた不動産（受益権）を保有するSPCと、そこにローンを提供しているローンSPCがあり、前者が償還可能優先株とローンで資金調達して、ローンSPCがCMBSを発行している。ここでは比較のために、そこをあえて連結的にみて簡潔に説明する。

通常、金融資産の証券化の場合には、ＳＰＣはローンを資産として社債を発行する。ローンの利息が社債の利息を賄い、ローンの元本返済金が社債の元本を返済する。投資家が受け取るキャッシュフローと、原資産から発生するキャッシュフローは、いわば「ミラーの関係」ないし「等式の関係」にあるわけで、投資家は原資産であるローンの債務者の信用を判断して投資を決定する。

これに対して、店舗不動産証券化の場合には、原資産は不動産そのものであり、その賃貸借契約に基づく賃料がＳＰＣの売上収入として期待される。収入から、優先して支払わなければならない固定資産税や消費税を支払ったあと、信託報酬やアセット・マネジメント報酬を支払った残りが、ＣＭＢＳの金利や期中部分返済元本を償還する原資となる。しかし、ＣＭＢＳの満期償還元本は債務者であるＳＰＣ以外のだれかが保証しているわけではない。不動産の賃料収入と資産性をバックに、リファイナンスまたは不動産の処分で返済金が支払われるのである。資産の生み出すキャッシュフローとＣＭＢＳのキャッシュフローは等式の関係ではなく、不等式の関係にある。投資家としては、どのように支払原資が確保されるかを、事業審査同様に審査しなければならない。

正直、マイカル本体が利息と元本を支払いますと簡単に約束した社債のほうがまだ売りやすかったのではないだろうか。しかし、マイカルは賃貸借契約を締結して、入居保証金を差し入れているだけであった。

10 店舗程度をまとめて証券化

ここで、マイカルが証券化で資本を回収したあと、低コストで店舗を確保して営業できるようにするために、証券化投資家側にリスク低減策を提供したことを思い出していただきたい。

まずは、解約不能期間を十分にとった。賃借人がいつでも解約できる内容の賃貸借契約ならば、投資家としてもそれに耐えるための準備がいる。アパートなら店子が変わっても大きな出費はない。しかし、商業施設で次のオペレーターをみつけてリースアップするのには結構、資金と時間がかかる。店舗の原価、形状や立地次第では、オペレーターの交代をむしろ歓迎すべき場合もあるだろうが、必ずしもそうでない場合のほうが多い。地方の店舗などは解約リスクがあると、価値が大幅に下がる事例が増えているようだ。そこで、賃貸借契約を開始してから長期間経過しなければ解約されないようにしておけば、解約までに当然元本の回収も進むし、リスクに見合う収益も十分累積しているはずだ。再度大規模投資をしてテナントを入れ替えるというのも十分ありうる考え方である。

ただし、そうはいっても店舗不動産は実物資産である。地震・テロなどのリスクがある以上、証券化の対象が1物件で、地域の偏差があることは結構、むずかしい問題を引き起こす。そこで、地域を分散したうえで、10店舗ほどの物件をまとめて証券化することにした。

ここで読者は、不動産からの賃料という投資家が受け取るキャッシュフローの源泉は、しょせん賃借人であるマイカルが支払うので、マイカルの信用に依存しており、10店舗をまとめて証券化の対象にしても、リスクの分散になっていないのではないかという疑問をもつのではないだろうか。

実際、当時、投資家からもそのようなご指摘をいただいたものである。しかし、マイカルが倒産しても、管財人が履行を選択すれば、賃貸借契約は継続する。そこが金銭消費貸借等の債権と大いに異なるところである。双方未履行債務だから、キャッシュフローが滞るかどうかは、マイカルにとって不動産として使用する必要があるかないかで決まる。要は、家賃を支払うのに十分な集客力、収益力のある店舗不動産であれば、マイカルの破綻自体はリスクではない。これが、マイカル店舗不動産の証券化商品がマイカルのクレジットそのものではない理由であり、投資家に訴えたキーポイントでもあった。

一方、地震やテロなどで店舗として使い物にならなくなることは、SPC側、すなわち投資家側がとっているリスクであるので、地域分散は大いに意味があるのである。ライフラインを担う大規模小売店舗は、足もとの商圏を価値の源泉にしている。もし足もとの商圏を支える産業が衰退すれば、店舗立地がむずかしくなり、マイカルが約束を守ったとしても潜在的な価値は下がる。だから、証券化の対象となる店舗は特定の商圏や経済圏に集中してはいけないのである。

もっとも、理論的にはそのとおりなのだが、不動産の価値はどうしても、その国の経済・政治の中心地に偏る傾向がある。東日本大震災、福島原発問題以降も、東京の不動産だけが投資家に選好されている。東京が本格的にダメになれば、関西、中京への分散が意味をなすだろうけれど、現実にはやはり首都圏の物でないとなかなか投資家がつかない事情も理解できる。

投資家からの要求

このようにして、最終的には投資家からも、外国格付会社からも、マイカル店舗ＣＭＢ

Ｓのリスクが意外に低いことの理解を得られた。しかし、投資家もけっして甘くなく、市場調査の段階で「不動産だけを信用をするわけだから、マイカルに何かあったとしても賃貸借契約が履行選択されるように、虎の子の店舗だけで10店舗を構成せよ」というリクエストがあった。まさに正論である。虎の子の店舗であれば、会社更生手続下で履行選択を受けずに賃料収入が途切れても、別の小売業者に賃貸することが可能かもしれない。

そこで、マイカルには各店舗の管理会計を3期分提出してもらった。店舗の賃料負担力をみる小売業制約式を正しく算出するためだが、虎の子の店舗を選び出すためでもあった。店舗の収益力は単純な売上順位ではなく営業利益で判断した。

結果、ＣＭＢＳの元利払いの安全性について資本市場で取引可能な水準の格付取得が見込めるようになり、優先株も十分なリターンをあげて償還されるというシナリオ分析ができたので、商品化の基礎はできあがった。5年程度ごとのリファイナンスを繰り返し、15年は存続できる仕組みができたのである。

9 店舗不動産の価値を維持するための工夫

資本維持積立金というアイディア

さて、こうして投資商品としての金融的なリスクのマネジメントには、ある程度のメドがついた。しかし、実物資産を信用の源泉にするためには、あと二つ重要なことが残っていた。店舗不動産の価値を劣化しないように維持することと、リファイナンスにあたって店舗不動産の価値の評価を正確に行うための営業情報（店舗管理会計やサブテナントのレントロール等）を開示する義務を賃借人に負わせることである。

店舗不動産の価値を維持するためには、さらに二つの重要なポイントがある。賃借人が店舗の修繕や更新投資を怠ることによる物理的な劣化を回避することと、店舗が立地する商圏を守ることである。

修繕義務は賃借人がおおむね負っているので、その履行が確保されなければならない。かりに適切な履行がなされないとメンテナンス不足による減価や事故につながりかねない。本来は、その修繕負担のリスク分が賃料に乗るのだが、賃貸人側はそこをとっていない。修繕不足を指摘して回るアセットマネジャーに依存して請求をするだけでは、約束を守ることを強制するのはむずかしいと考えた。

そこで、マイカルには修繕計画に見合う現金を、担保として月々積んでもらうことにした。この積立金は費用ではなく預り金なので、修繕費用の自主マネジメントをしたいマイカルにも受け入れやすいものであった。これが、資本維持積立金というアイディアである。マイカルが計画どおり修繕を履行したタイミングで、その確認をしてから返還するという仕組みだ。賃借人が修繕しなければ、オーナー側が積立金を取り崩して対応できる。実物資産の劣化を最低限防ぐことに貢献した。

自店競合の排除

もう一つ、店舗不動産の価値を維持するために、各店舗の商圏を守るための条項を入れた。競業避止条項である。これも後々、その趣旨を理解していない小売業者には大変嫌がられた。少し詳しく説明しよう。

店舗なので、同じ商圏に他社競合店が出店するのは宿命である。これを防ぐことはできない。審査では、出店余地がある限り、すでに発生している競合が多いほうが安全と判定した。同一商圏を争う他社の店舗がすでにたくさん存在する商圏ほど、次の出店によるパイの減少が少ないからである。別の言い方をすれば、現在の収益データが十分な競合状況のなかで勝ち得ている収益ならば、安定感があるということだ。$1/n>1/(n+1)$ という漸化不等式をみれば一目瞭然である。追加的な出店で失われるパイは、$1/n-1/(n+1)$ であるから、nの値が大きいほど失われるパイも小さい。

ところが、実は問題がより大きいのは、同じマイカルの少し新しくてましな店が同一商圏に出店することだ。そうなったら、雪崩を打って新店が旧店の売上げを奪うだろう。これが、原資産保有者の賃借人が最もしてはいけない「自店競合」だ。競業避止条項でこれを徹底して排除することにした。

競業避止は、マイカルで営業現場をみている部署からいちばん反発を受けた条項であった。現場ではドミナント戦略という考え方を支持する人が多かったからである。ドミナント戦略とは、個々の店舗の価値よりも、商圏全体を支配することを重視する考え方である。小売業的にはわかる理屈だが、個々の店舗不動産を小売業に完全従属させる考え方であり、それを突き詰めると、個々の店舗の商業施設としての価値を前提にした取引はできなくなってしまう。

極端な話、小売業者が「いい商圏だが、店舗が古い。そろそろ新店を出したい」と考えて、中古店舗を売りに出したとすると、買手はいかに長期の解約不能期間を設けてリースバックしても、どこまで店舗の価値が下がるかわからない。こういうことを背信的だと思わない小売業者は多い。不動産業者の会合で某社OBが、「小売業者はこういう商圏支配重視の動きをするので、店舗不動産などを買うのはアホだ」といわんばかりの発言をしていて、あきれたことがある。証券化に適した店舗であるかどうかは意外と判断しづらいが、よく調べて審査すればわかる。業界のスキルの伸びが期待されるところである。

店舗の営業情報の開示

最後に情報開示である。現在ではさまざまな調整が加えられているが、当時、店舗不動産を収益還元するためには市場賃料を計算する必要があった。実際に払う賃料は先述のように社長の鶴のひと声を反映して不動産市場制約式の下限に設定したわけだが、これとは別に市場賃料として、売上げに対する小売業への手残り収益率を3〜3・5%と設定して、支払可能な賃料水準の中央値を算出した。

売上げの5〜5・5%が賃料の相場という考え方もあったが、これだと賃料はやや高めになる傾向があったし、小売業によって売場坪効率が違うので、一概にこの数値は妥当しなかった。おそらく小型スーパーなどで使う相場だと思われた。

「イトーヨーカ堂（ＩＹ）は売上賃料を３％以上、支払わない」という知識を披瀝される不動産鑑定士もいたが、ＩＹの坪効率は比較的高く、基幹店では年坪４００万円くらいが標準だった。マイカルは２００万円、イオンは１５０万円くらいではないだろうか。立地と店づくりが違うので、賃料は面積当りの値段が重要である。坪当りでみると、ＩＹの支払賃料が坪当り売上げ４００万円の３％であるとすると、マイカルの坪当り売上げ２００万円の５％と実はあまり変わらない。よく賃料負担をしたがらないといわれるＩＹも、そう違わない賃料を支払っているのである。売上比の賃料のみを基準にする議論が乱暴であることを示すよい例だ。

このように、店舗を一つの企業と見立てて、不動産のデータと小売業のデータを照合して評価をしないと、不動産に帰属する価値を見誤ってしまう。

そこで、マイカルには売上げから利益までの店舗ごとの管理会計データを継続的に開示する義務を負っていただいた。これはＳＰＣにとっての命綱であり、これがないと証券化を繰り返していくための評価や賃料の値決めができない。また、客観性を確保するために、転貸テナントの実際の支払賃料なども知る必要があった。店舗ごとに多少の偏りはあるものの、店舗の半分弱の面積は外部の中小テナントへの転貸であったからだ。

このようにして証券化実施以来、連綿と、時に項目は変化しても10年以上にわたり情報は開示された。これによって、マイカルのように一括借りテナントが会社更生になろうとも、西友のように長い信用不安が続こうとも、ＳＰＣのリファイナンスは繰り返されたのである。情報開示義務とデータの蓄積がそれを支えた。

10 会計上のオフバランス化

アメリカ基準でのオフバランス化

マイカル店舗の証券化の仕組みをおさらいしておこう。

マイカルは自己所有（一部、第三者保有）の不動産を信託銀行に信託譲渡し、受託者との間でリースバックのための長期一括賃貸借契約を結び、入居保証金を差し入れ、受益権をもらう。その受益権をケイマンＳＰＣの東京支店に全額譲渡する。ケイマンＳＰＣ東京支店は、受益権を買う資金を、ローンＳＰＣ（ＣＭＢＳ発行体）と日本政策投資銀行からの協調ローン、およびケイマン本店の発行する償還型優先株で調達した。

日本の会計界はセール・アンド・リースバックの手法が脚光を浴びると、いち早く「粉飾の道具」として警戒した。最初に簿価で売却したのは、売却損益による粉飾疑惑に対し、「そんなつもりはない」という意思を明示するためでもあった。

日本の会計上のオフバランス要件が当初は不明確であったこともあるが、マイカルはアメリカ基準（ＦＡＳ）でも開示をしていたことから、アメリカ基準での厳しいオフバランスを前提に最後のスキームチェックを実行した。

アメリカ基準は、売主が買主ＳＰＣの不動産の購入資金のうち、劣後する性質の（エクイティ的な）持分をもつ場合には、原則売却不動産の認識中止を認めず、売却不動産と買手ＳＰＣの債務をすべてバランスシート（ＢＳ）に記載するというものである。筋は通っていて、アメリカではＢＳに記載されている資産の価格変動性が、ＢＳ記載事項以外の要因（買手ＳＰＣの債務）によって発生するのを嫌う傾向がある。通常の資産よりもレバレッジが高い持分などＢＳ記載の資産価値に大きな影響を与える項目は、全貌をオンバランスしようという考え方が背景にあるという印象を受けた。

買手SPCのローンはノンリコースなので、本来、売主の債務であるかのように記載されるのは変だが、アメリカの会計基準はSPCの主体性を認めたがらなかった。おそらくエンロン事件の余波があったのだろう。財務諸表の目的が開示にあることが明快な国なので、趣旨はわかる。一方、シニアな持分、たとえば、売主から買主へのシニアローンなどは、相当な金額であっても認識の中止を認めて、買主への関与持分（この場合にはシニアローン）だけをBSに表記するというルールだったと記憶している。

売主＝賃借人がもつ入居保証金返還請求権は返還時点が賃貸借終了時点なので時間的に劣後しているが、売却対象の店舗不動産に対してSPCの保有する受益権と同順位の扱いだった。減価償却費等のペーパーロスの範囲で負債を減少させるかたちをとっていたので、入居保証金が同順位でも返済原資の準備は十分可能とみていた。また、売主は店舗不動産のアップサイドへの権利はもたなかった。つまり、売主の権利にエクイティ性はなかった。

結果、オフバランス処理は認められた。当時のあさひ監査法人の親元であるアーサー・アンダーセン（現KPMG）のシカゴ本社までおうかがいを立ててクリアした。リファイナンスが整わず、満期前にリース契約がリファイナンス前提型ではなくなった場合に、売主＝賃借人の入居保証金返還請求権がＳＰＣの受益権に劣後する条件になっている点が議論になったが、賃借人が応分の協力をしないと劣後化するという必要なトリガーなので、コンティンジェンシーとしてＯＫとなった。

その後、日本では２０００年7月に「５％ルール」が導入された。シニアも劣後も関係なく、買手ＳＰＣに売手が10％（経過期間後５％）以上、なんらかの関与をすると非売却処理というルールである。

しかし、原所有者が保有する持分が５％であれ15％であれ、日本で行われている標準的な取引であれば、それ以上のリスクはない。連結ならまだしも、単体での認識を継続しなければならない理由はなんであろうか。

むしろ「証券化」の本義からすれば、「証券化」されたエクイティ部分の15～20％程度は売主が再保有するほうが、証券化への責任を負う姿勢が維持できるのではないだろうか。レバレッジが60％であれば、６～８％である。５％ルールを厳密に適用すると、より無責任なほうが推奨される結果になる。資産の認識中止要件は現在より緩和し、注記で対応すればすむように思われる。

会計上オフバランスでないと法律上も真正譲渡にならず、買手の権利は更生担保権になるというたぐいの議論も、まったくの誤りである。現在は法的な真正譲渡の判断基準が固まっている。法的な所有権の譲渡さえ成立していれば、資本の回収としては成功しているはずだ。ただ、法的には人手に渡った不動産が幽霊のようにＢＳに残る。投資家や金融機関の評価には影響があるかもしれない。

発行体の姿勢と資本市場（結びに代えて）

本章でお話ししたことは、マイカル店舗の証券化がどのような思想で設計され、何を求めようとしたか。そして、そのためにどのような技術が集積されたかである。大規模小売店舗をチェーンで営む企業の事業性を高めるために開発されたものであって、それを支えるために膨大な技術集積を経て世に出されたものであることをご理解いただけたら嬉しい。

正直、Ｊリートの投資対象として人気のあるオフィスビルやロケーションのよい賃貸マンションなどと比較して、商業施設は投資のしにくい不動産である。小売業という収益性の低い産業と少ない儲けを取り合う立場になるからだ。

もちろん利害の相克やリスクを排除する工夫は大切であるが、一括借り物件の場合には賃借人たる小売業者の志が結構、大切である。「インセンティブ・サイクル」を思い出してほしい。一括賃借人たる小売業者が投資家の期待に応え、共存していこうとする場合、証券化商品はそう悪くない投資商品になり、市場も発達する。繰り返し同類の証券が発行されて、ますます資本回収のコストが低下する。

実はJリートにも、一般の株式や社債といった基本的な証券にも、同じことがいえる。企業が発行するすべての証券は本来、発行体が投資家との共存を願う姿勢なしには語れない。なりふり構わぬ証券発行をするようになった企業は本来、投資対象とすべきではない。企業は最初こそ思わぬメリットを手に入れることができるが、その恩恵を忘れて資本市場と敵対する場合には手痛いしっぺ返しを食らうことになるものだ。

そういう基本を忘れた市場参加者が増加していることも、近年、証券（投資銀行）業界が低調に推移している原因ではないだろうか。リーマンショックのあと、ＣＭＢＳ市場への責任を急に放棄して市場から撤退した投資銀行などは、墓穴を掘っている。おそらく同じ顔でふたたびＣＭＢＳ業務に参入するのは当面むずかしいのではないだろうか。その苦しみは長く続くはずである。

第4章

救済金融としての証券化

1 西友の店舗証券化

社債償還資金の確保

2000年初夏に、西友からも店舗証券化のニーズがあるというお話をいただいた。マイカル店舗の証券化が2回目の成功を視野に入れた時期であった。

マイカルの場合、店舗証券化実行時点では体力に比較的余裕があり、事業革新や資金調達の質の変化までを狙っていた。証券化の特質である「インセンティブ・サイクル」、すなわち、「繰り返し資本市場を利用することで投資家との関係を構築し、そのメリットを安定的に享受する」ことを希求し、それをテコにして事業革新を実行することを目指した案件であった。

これに対して、西友では事業構造の変化というより、社債償還資金の確保が狙いだった。当時の西友は一時的に、いわゆる〝借換債〟の発行がむずかしい財務状況下にあったと記憶している。一般に社債を発行した会社では、償還資金の手当てがうまくいかないことが資金繰りに窮する原因となる。現在のように大手銀行に余力があれば、原則どおりメインバンクが救済に乗り出すのが筋である。しかし、当時の時代背景は大いに異なる。西友からの依頼があった2000年は、都市銀行と呼ばれた大手銀行自体が体力の消耗から大型合併を余儀なくされていた時期であった。それが理由で、端緒についたばかりの店舗証券化にお声がかかったのだろう。バブル後遺症で担保が足りなくなっていく時代にあって、同様の悩みを抱えた会社は多かったはずである。

資産の売手が財務的にあまり余裕のなくなった状態で行う資産証券化は、「救済金融」というべきだろうか。ここでお断りしておくが、「救済金融」とは私の造語である。要は、取引のある金融機関からの資金調達がなんらかの理由でむずかしくなっている状態にある企業を、窮地から救いだすファイナンスである。これに応えるべきかどうかは、発芽したばかりの店舗証券化の未来を考えたときに、私としては少し悩ましかった。しかし、そこに強い要請があり、かつ、それを可能にする手法があるのだから、やはり取り組まざるをえないと判断した。

倒産法上の否認リスク

救済金融に証券化を活用すべきかどうか迷ったのは、倒産法上の故意否認や危機否認のリスクがあったからである。芽生えたばかりの市場にとっていちばんよくないことは、「市場」となされた約束が、「強引な理屈」で潰されてしまうことである。

当時の倒産実務は、企業がすでにインソルベント（債務支払不能）であることを知っているか、知りうべきであった時点で行われた資産の売却を、他の債権者を詐害する行為の潜脱である可能性が高いという理由で取り締まるプラクティスが色濃かった。たとえば、会社更生法の適用を受ければ、企業のためによかれと思って実行される資産証券化が火事場泥棒と同様に扱われてしまうリスクは当時から十分認識されていた。会社更生法が担保権を制限できる法律だからである。

前章で述べた、店舗証券化の基本部品である「セール・アンド・リースバック」という取引類型は、実は歴史が古い。世間で行われている多くの不動産売買には、売主＝賃借人の（低廉ストライク）買戻権や、買主＝賃貸人の売戻権が組み込まれたものが存在している。そこには、倒産手続上、買主＝賃貸人と売主＝賃借人との関係が実質的に前者から後者に対する資金の融通として取り扱われてしまう可能性の高いものも存在しているはずである。たとえば、買主＝賃貸人が売戻権の行使として賃貸借契約を解除し、未到来期間の賃料まで違約金等の名目で一括請求できるような取引には問題がある（注）。

ただ、より本質的には、不動産リスクを借主に負わせながら、借主が倒産すると不動産オーナーとして権利主張をし、いままで縛っていた借主を追い出そうとするといった「いいとこどり」ができるかどうかが問題であると考える。それを受け入れると他の債権者等の権利と均衡を失するケースもあるだろう。また、裁判所の実質判断で処分プラス賃貸借を担保金融とみなすという「倒産法的再構成」を許容しなければ、会社更生ができないという事態もあったことは否定できない。

したがって、そういう類似取引があまたあるなかでは、自制的に「救済金融」を目的として店舗証券化を行っても、「処分」を偽装した「金融」であるといういいがかりをつけられて、売買で取得した重要な資産の所有権を、更生担保権という名の「妖怪」的な資産と交換されてしまうリスクがあった。「恩をあだで返される」結果となるのだ。当時の証券化投資家が懸念したのはこの点であった。

（注）早稲田大学の伊藤眞教授は2002年10月25日発行の金融法務事情1657号と同年11月5日発行の1658号「証券化と倒産法理（上）（下）」のなかで、「債権者とされるべき者がその債権全額を一括して返済を求める権能をもっているからこそ……」として、売主＝賃借人がいまだ対価としての給付を受けていない将来の賃料までも買主＝賃貸人が一括して支払えと主張できるかどうかが、真正譲渡と担保金融を分ける典型的なメルクマールと指摘する。元利分割返済の借入

れの失期請求と類似しているので当然である。

「いいとこどり」は排除

だから、マイカルや西友の店舗証券化の商品設計の際には、むしろ「この投資機会には、そういう「いいとこどり」はありませんよ」という投資家向けの説明にいちばんの重点がおかれた。すなわち、「セール・アンド・リースバック」は使うけれども、あくまでオペレーティングリース（通常賃貸借）ですよ。賃借人が再建型の法的手続に入れば、賃貸借は双方未履行の契約となり、賃借人から履行選択があった場合には、それに服しますよ。ない場合には、解約されて、賃料が入らなくなって「空」の不動産を処分して回収するしかない可能性もありますよ。また、賃貸借が履行選択されても、その後、必ずしも不動産がよい価格で売れるかわかりませんよ」といったリスクの説明は行ったのである。

このため、投資家は賃借人が再建型の倒産手続に入った場合でも、セール・アンド・リースバックの対象となる店舗が賃借人である小売業者から必要とされ、賃貸借を続けられる蓋然性が高い店舗かどうかを審査し、不動産自体の価値に信頼をおく商品としてこれを受け入れた。すでに、前章でご説明申し上げたとおりである。

しかし、店舗証券化の定着には試錬を待たなければならなかった。試錬の矛先は皮肉にも、「事業革新」を目指したマイカル店舗の証券化に向かうことになる。救済金融としてスタートした西友の店舗証券化は、何度かの再調達を経て12年に満額償還を果たした。リーマンショックをリファイナンスで乗り超えて、各クラスとも満額償還されたCMBSは他に例がなく、関係者の静かな感動を呼んだ。

2 救済金融は正当なビジネスとして成立するか

救済に値する企業

日本では資金繰りに窮している企業への資金の融通というと、高利貸しのイメージがいちばんに出てくるであろう。相手の足もとをみて高い金利を稼ぎ、他の債権者よりも有利な条件を突き付けて、借手のみならず他の善良な債権者を害するという構図だ。いかにも胡散臭い。救済金融には、胡散臭く感じられること、「いいとこどり」の濡れ衣を着せられることのリスクを承知のうえで取り組まなければならない。その分周到かつ精緻な眼で、賃借人と賃貸人（売主と買主）のリスクの分担と対価のバランスをとる必要があるともいえる。

まず、「救済が必要で可能な企業」とはどのような企業であろうか。「実現可能な再建策と資金があれば、存続を危ぶむべき原因事象が除去され、自律的存続が可能な状態に戻れる企業」というべきであろう。

第一に、事業収益力を自律的存続が可能な状態にまで改善する具体策があることが必要である。西友案件は「資産証券化を使い、金融機関からの融資以外の方法で社債償還資金の調達をする」ことが再建策そのものであったので、この条件にあてはまることがわかりやすい事案だった。

第二に、当該ファイナンス必要額に加えて、第一の条件である再建に向けた具体策の実現までの間に期限が到来する債務の借換総額の調達方法が具体的にあるということが条件になる。新規で救済金融を提供する側が、これらすべての金額を提供できるケースは現実には考えがたい。いいかえれば、既存の取引金融機関の協力を得て支援総額の調達案を固めることが条件となる。再生プロセスに必要と想定される期間内には通常、ほとんどの債務の期限が到来する。いくら増資や資産証券化を行って結構な資金を手にしても、既存の取引金融機関の協力がなければ、調達資金は債務の肩代わりに使用されてしまうだけだ。西友の場合、「当該満期社債返済資金（230億円程度）さえ調達できれば、取引銀行はその後の取引を正常に継続する」という事前合意があったため、この条件を充足していた。

「高利貸し」との違い

第三に、資金調達コストが当該企業の加重平均資本コスト（WACC）の合理的な範囲であることが条件となろう。そうでないと、資金調達そのものによって企業体力がそがれてしまう。「高利貸し」と同じになってしまうのである。店舗証券化の場合、資金調達コストは、CMBSの総発行コスト＋第三者エクイティコストである。これとWACCを比較する。ただ、いまでこそJリート市場の厚みが増し、トラックレコードがしっかりできたので、市場データからおおむねWACCの計算や推定ができるが、当時はそうではなかった。

西友への説明は、CMBSすなわちデットの加重平均コストの説明から入った。救済金融の対象になる上場会社では、既発行の普通社債を返済するための借換債が発行できない、あるいはコストが高すぎて発行が正当化できない状況にある場合が結構ある。このため、借換債と証券化のデット部分との比較は取引推進のよい動機づけになる。

　ＣＭＢＳは通常、最上級のＡａａから投機的格付のＢａまで発行される。西友から倒産隔離されたＳＰＣ（有限会社を使った）発行の社債ではあるものの、自分の賃料収入や店舗不動産所有権等を背景に発行されるＣＭＢＳと呼ばれる社債がＡａからＢａａまでの投資適格範囲の格付を、厳しい外国格付会社から取得できることは驚きであったろう。ＣＭＢＳの発行コストだけに注目すれば、同業のトップ企業であるイトーヨーカ堂発行の普通社債と肩を並べる水準だった。当時は現在と大いに異なる金融逼迫期であった。Ａａのイトーヨーカ堂はＬ＋50ｂｐｓ、Ｂａａのジャスコ（後のイオン）ならＬ＋１８０ｂｐｓの水準だったと推定される。当時の試算では、西友のＣＭＢＳはＡａ～Ｂａａの加重平均で平均表面利率がＬ＋65ｂｐｓ、その他のコストを入れるとＬ＋１００ｂｐｓ程度になっていたようである。実際にはＡ格企業の調達に近かった。

　西友がマスターリースする不動産をバックにしたＣＭＢＳの発行コストは、西友の子会社が発行する不動産担保付きの社債のように西友の法人としての信用に依存して発行される社債とはまったく異なる代物であった。もしこれが西友の信用に依存して発行されていたならば、当時このような格付はとれるはずがない。ましてや、自分が驚くほど低い利回りが出るはずもない。自社の社債を買う投資家がいない状態でも、儲かる店舗で不動産として独自の価値があるものをＳＰＣに入れれば、そのＳＰＣには信用がついたのだ。

総資金調達（回収）コストの低減

さて、デットだけでは不完全である。ＷＡＣＣのデット部分のコストが、イトーヨーカ堂の社債とほぼ同じ2％台を達成したとして、他方の第三者エクイティはどのようなコストであったろうか。詳しい数値は手もとに残っていないが、おおむね7～8％くらいであったように記憶している。繰り返しになって恐縮だが、複数の不動産所有権とリースバック上の地位が西友から倒産隔離されたＳＰＣの資産になっていたので、資本市場からそれだけの評価を得ることができたのである。

さらに、（西友の場合は）幸運なことに、西友の店舗証券化に取り組んでいる最中に、企業会計制度の変更で「10％（後に5％）ルール」なるオフバランスルールが導入された。証券化の対象となる不動産の譲渡時の適正な価格（時価）に対する売主のリスク負担の金額の割合がおおむね10％（5％）の範囲内であれば、リスクと経済価値のほとんどすべてが他の者に移転しているとみなされ、その譲渡は真正売買として会計処理ができるというものである。

これにより、リスクとリターンが凝縮しているSPCの再劣後のエクイティを売主（＝リースバックの借主）が保有しても、会計上のオフバランスは大丈夫というお墨付きが得られた。これを利用しない手はない。西友は会計上のオフバランスを余裕で実現できたうえに、いちばんおいしいエクイティに再投資をすることができた。これにより、西友の店舗証券化の総コストは、当時としては低い4％台の数値になったと記憶している。ウォルマートが基準にしている7％のセール・アンド・リースバック基準のハードルを優に超えていた。しかも、その最劣後エクイティのリターンが投資収益ではなく、営業収益にカウントできたので、賃料の上昇に伴う営業コストの上昇というマイカル証券化で苦労した会計上の問題がすっきり解決できたのである。

店舗不動産証券化は、「事業革新」だけではなく、既存の取引金融機関と協調し、WACCを意識して規律を守って実施すれば、「救済金融」にも適する。それが西友の案件で初めて証明された。そこに大きな意義があったと思うのだ。

3 ダックビブレの店舗証券化

民事再生手続中の資金調達

マイカルの子会社にダックビブレ（現さくら野百貨店）という会社があった。マイカル・グループの商標であるＶＩＶＲＥというブランドで、一般の実用衣料より少しハイグレードなものを扱っていた。また、ダックビブレは、青森中心の武田百貨店、仙台中心の丸光が中核となって東北の地方デパートが連衡してできた地方デパートチェーンでもあった。マイカル傘下にありながらデパート協会に加盟し、従業員の労組もマイカル本体とは異なるデパート系の組合であった。

経営陣による民事再生手続申立てを実質的に否定され、マイカルが会社更生手続申請へと動いた時、ダックビブレ経営陣はマイカルの会社更生に組み込まれることを拒否し、独自の民事再生路線を歩くことを選んだ。この独立路線はマイカルをひと括りに会社更生に持ち込みたい向きから相当の抵抗を受けたようだが、ダックビブレのオーナー家の一つである武田家や、日本政策投資銀行の支援を得て、辛くも民事再生への道筋をつけた。その民事再生は、倒産企業のための店舗証券化の舞台となった。

西友案件が証券化によって法的整理に向かうことを回避した事例であるとすれば、ダックビブレの案件は、民事再生に至った会社が証券化によって経営基盤を確立した事例である。どのような意味で、証券化が民事再生会社のための「救済金融」となりえたかを解説したい。

担保物件は店舗の区分所有権

当時、ダックビブレを率いる臼井社長に初めてお目にかかった時のことをいまでも思い出す。臼井社長の最初の申し出は、以下のような内容だった。

「いまは、ようやく民事再生にもメドが立ちつつあるが、もっと資金が必要である。底地を第三者の地主が保有しているが、当社が区分所有権をもっている店舗がある。新館と呼ばれる、仙台店（当時の旗艦店）の一部だ。鑑定評価では10億円ほどなので、6億円ほど貸してもらえないか」。

私は図面をみながら、「大変失礼ながら、民事再生中の企業に対して区分所有建物を担保に融資する金融機関があるとは思えない」と即答した。一体として初めて、ある程度の資産価値をもつのが店舗である。しかも、その区分所有建物は主要な店舗部分とはいいがたい位置取りだった。底地を第三者がもつがゆえに、いったん閉店されると、地代支払いが先行して融資の返済原資を食ってしまうだろう。そういうときには、換金性も著しく低くなっているものだ。自用不動産は、いったん自分が不使用になれば、価値が大きく下落する可能性が高いことは多言を要しない。

さらに、コーヒーを啜りながらつぶやいた。「しかし、この建物の所有関係は複雑ですね」。パッチワークのように所有者や権利者が分かれた仙台店の図面をみて、そうコメントせざるをえなかった。デパートは一等地になければならないので、所有権の整理統合より、何がなんでも場所を確保して大きな店舗を出すことを目指す。その結果、店舗の権利関係が複雑になるケースが多いのである。

図表4－1をみてほしい。建物は大きく分けて、B区分、C区分、A区分の順に仙台駅から遠ざかるかたちになる。A区分は、さらに①②③と持ち主が分かれていた。敷地も建物の区分に合わせるように区分されていた。これをB敷地、C敷地、A敷地としよう。A敷地もその上のA建物と同様に、①②③と区分されていた。日本の長屋のように、建物が壁を共有して並んでいる様子をイメージすればいい。

図表４－１　ダックビブレ仙台店の位置関係

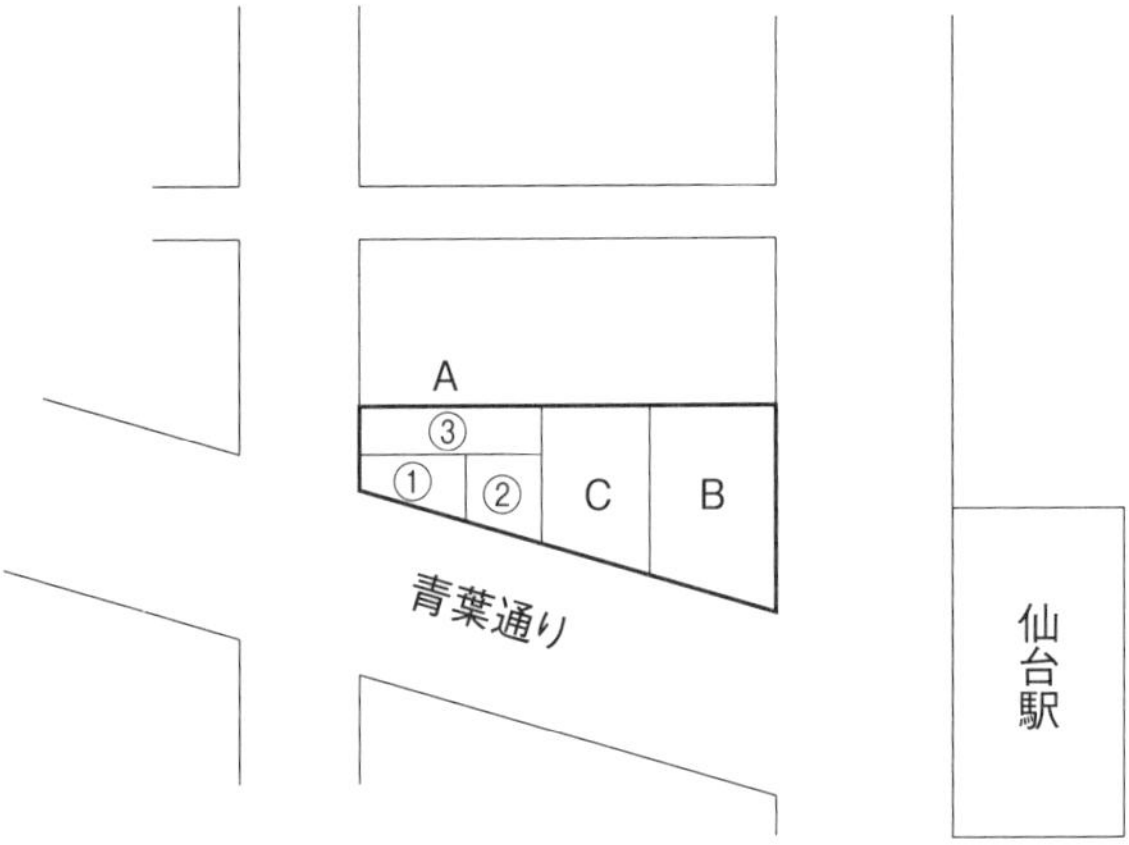

このうち、店舗全体の中央にあたるＣ区分建物とＣ敷地は複数の第三者家主・地主から借りていたので、民事再生に入る前後で特段の変化はない。問題の担保物は、第三者の地主が保有していたＡ③敷地の上に建つＡ③区分建物のことだった。裏通りに面しており、単独の価値は認めがたいものだった。「社長、これではだれも融資しないでしょう。ただし、売却なら話は別だ」「担保にもならないものを、だれが買うのですか」と、いぶかりながら質問を受けたのは当然だった。セール・アンド・リースバックを使うとしても、民事再生中の会社から賃料をもらいながら、地主へ地代を支払うのはリスクが高い。投資家が簡単にみつからないことに変化はないと考えるのが普通であろう。疑問は

まったく的を射ている。

リニューアル投資が不可欠

しかし、謎はしばらくそのままにして、ここでは当時のダックビブレのおかれた状況を説明したい。ダックビブレの民事再生成功のカギは、商業信用と仙台店の復活といわれていた。仕入先との取引再開は、商標問題とも絡んでひと筋縄ではいかない状況だった。「VIVRE」ブランドは更生会社マイカルの所有であり、グループの更生計画から離脱して独自の道をいくダックビブレには使用は継続させないという連絡がきた。店舗ブランドを失うのは結構辛い。顧客の信頼を倒産でいったん失ったうえに、全国区ブランドを失ったことは再生の大きな壁となって立ちはだかった。当然、仕入先からは取引停止を食らったり、取引条件が劣化したりする。値入れ（(売価－仕入原価)÷売価）の悪化、商品の劣化（売れ筋を回してもらえない）、決済条件の厳格化といった具合である。

一方、東北地区を代表する都会、仙台駅前に立地する仙台店はグループ内ではいちばん期待できる店舗だったが、全体的に売場として使える部分が少ない古い建物であった。青葉通りに面するA①建物が地上3階まで旧三井銀行の閉鎖支店だったことは（A①敷地・

建物とも同行所有）、目抜き通りへの開放口を狭くし、顧客の吸い込みを悪くしていた。また、別々のビルが長屋のように連結された歴史から、ムダな階段や仕切りが多かった。壁や柱で顧客動線が分断され、細かい売場がくねるようにつながり、大きな店舗としての働きが損なわれているのも問題であった。

商業信用劣化に加えて店舗がそのような状況では、ただでさえスカスカの売場を埋めようと新規の出店先を探してもなかなか決まらない。「『おたくの店に商品をおくと、悪いものにみえる』といわれるのです」という社長の言葉を記憶している。

4 民事再生手続外での店舗基盤の確立

再生スポンサーと共同で買取り

ダックビブレにとっては、仕入先の信用を取り戻すためにも仙台店の再生が必要だった。通常、テナントが店舗を改善するために検討する方法は二つ。一つ目は、大家に賃料引下げを申し出て、賃料を据え置くのであれば投資をしてくれと交渉する方法、二つ目は、テナントである自分が大家の許可を得て投資する方法である。

しかし、前述のような複雑な大家の分布に加えて、再生計画策定のなかで、すべての大家に賃料引下げを依頼していたダックビブレにとって、大家に自分のために店舗投資をしてくれと頼みにいくのはハードルがとても高かった。更生会社マイカルに店舗改善投資を依頼しても、よい回答は100％期待できなかったろう。

一方、借入金や仕入債務の支払いを減免してもらって再生を目指す立場では、再生債権の返済に優先して店舗改装に多額の資金を回させてくれと頼むのもむずかしかった。投資をすれば店がよくなることはわかっていても、そんな金があるのなら、再生債権の弁済率を上げろといわれるのが関の山である。

追い打ちをかけるがごとく、別の問題が持ち上がった。B区分とB敷地、A②区分とA②敷地は更生会社マイカルの持ち物だった。これを売りに出すというのである。すでに外資系ノンバンクの担保になっているという話もあった。「社長まずいですね。たたき売りの不動産（民事再生会社が賃料を支払う不動産だから、買いたたかれるのは必至）を買いにくる連中にもたれると、改装投資の交渉が面倒になるおそれがあります」。

しかし、更生会社マイカルにとって自己の再建に不要な財産はたたき売るのが定石。相手に泣き言はいえない。「第三者に売却するなら、激しい賃料引下げ交渉をするぞと脅しましょう。そして、こちらに売ってもらいましょう」と進言した。ただ、「こちら」は私個人でも、ダックビブレでもない。ダックビブレ自身にはできないことでも、再生スポンサーと共同でマイカル所有部分を買い取る方法があるではないか。

SPCで店舗改装資金も調達

再生スポンサーとダックビブレが共同で出資したSPCが店舗を買い取るという発想から、アイディアと運が芋づる式に出てきた。ダックビブレ所有のA③区分建物も同じく、SPCにリースバックで買い取らせることができるではないか。さらに、A①区分建物とA①敷地を所有する旧三井銀行からも、「これから売りに出すところです」とお声がけいただいた。「ぜひ譲ってください」とお答えしたのはいうまでもない。

リースバックで資本回収するだけではなく、人手に渡りかかっている資産を実質的に買い戻して権利者数を減らしていくことは、店舗の大規模改装を実行するために重要なステップとなる。さらに、老朽化したトイレを新しくしたり、間仕切りをはずして売場を拡張したり、動線をよくするために入口をつくったり、大型のエスカレーターを設置したりといった、店舗の生産性を上げるための投資資金もＳＰＣの資金調達のなかに組み込むことにした。店舗の改善は、ＳＰＣという新しい大家、ダックビブレ、証券化投資家の三者にとって有益な投資になるはずだ。

整理する。ダックビブレは店舗証券化を使うことで、①単独では換金がむずかしい自己保有の借地権付建物を換金して資本調達をしつつ、その一部を再投資して、②ＳＰＣのエクイティに出資することで、間接的ながらマイカルや旧三井銀行が賃貸人として保有していた区分建物や敷地の買収を達成し、③結果として、仙台店の大規模リニューアルの資金30億円まで調達してのけたのである。ＳＰＣとはいえ、再生スポンサーである武田株式会社とダックビブレ自身が共同でエクイティを出資したので、店舗へのオーナー的支配を維持するかたちになった。この取引は再生計画には組み込まれず、その外側で、再生計画を支える基礎ができていったのである。再生債権者への返済原資の確保には、むしろポジティブに働いたといえる。

図表４－２をみてほしい。それまでダックビブレが支払う賃料はすべて第三者に流れていたが、本取引後、証券化投資家に支払われたあとの残りは再生スポンサーとダックビブレにエクイティ配当として還流することになった。営業コストの低下にもつながったので

図表4－2　ダックビブレ仙台店の所有関係

〈取引前〉

建物	A			C	B
	①	②	③		
	旧三井銀行	マイカル	ダック	家主	マイカル
土地	旧三井銀行	マイカル	地主	地主	マイカル

〈取引後〉

建物	A			C	B
	①	②	③		
	SPC	SPC	SPC	家主	SPC
土地	SPC	SPC	地主	地主	SPC

ある。民事再生手続が終了し、さくら野百貨店が通常会社に戻るのは、そこから2年くらいあとだが、ターニングポイントは店舗証券化だったと思う。

マイカルから賃貸人の地位を譲受け

実は同じ時期、マイカル店舗の証券化に対して「ファイナンスの変形であり、更生担保権である」という疑義が提出され、さまざまな議論が金融界や法曹界に巻き起こっていた。「倒産会社の借金は停止効によって支払いを止めるが、賃貸料は双方未履行債務として賃貸を継続するなら賃料は支払われる」というセール・アンド・リースバックの根幹に大きな疑問が投げかけられていた。「賃料は払わないが居座る。売却も否定して不動産を取り返す」という大技を管財人側は期待していたようである。

同じキーパーツを使って店舗証券化が生まれるためには、マイカルと同様の扱いを受けないかという投資家の心配を解決する必要があった。そこで、売主がマイカル管財人であることを逆に利用した。すなわち、親会社である更生会社マイカルが保有しているダックビブレの店舗不動産を、賃借人であるダックビブレが買い戻してからセール・アンド・リースバックするのではなく、スポンサーと共同でSPCを新設し、SPCは更生会社マイカル管財人の承認を得て、その賃貸人の地位を譲り受けるというかたちをとったのである。ダックビブレ自己所有のA③区分建物を除き、主要な店舗部分について管財人＝裁判所から賃貸借契約の認知を受けて処分されている以上、その店舗不動産売却をファイナンスと再構成されるリスクは少ないとCMBS投資家に判断していただいた。当時のCMBS投資家にはきちんとリスク判断していただいて感謝している。

5 真正譲渡を巡る論争（上）

不動産売買か、担保付融資か

更生会社マイカルの管財人側から提起された店舗証券化への疑義は、「店舗不動産の売却代金は借入元本であり、売却主が解約不能期間に支払う賃料総額で、みなし元本と利息が完済される」ので、非典型の担保借入れであるという主張であった。賃料は元利の返済であるから当然支払いを止めることができるし、店舗不動産は担保であるから、未済の元利の更生担保権としての地位は認めるが、所有権はあくまでマイカルに残っているという理屈である。

経済的苦境にある会社では、その資産を巡って「火事場泥棒」「いいとこどり」の取引が横行する。そうした会社が実際に倒産したとき、他の債権者の利益との均衡を図るために資産売却を否認すべき場合があることは否定できない。たとえば、倒産間際の会社から時価より著しく低い価格で資産を譲り受ける取引は「否認」の対象となる。破綻前3期程度の間に行われた目立つ取引は、裁判所によってとくに「懐疑的」に調査される。会社更生手続はとくに面倒だ。

では、資産が時価で売却された場合にも、そのあとに会社が倒産すれば否認の対象となりうるのだろうか。マイカル店舗の証券化の当時は明確ではなく、リスクはあったのだが、2004年に破産法関連法規が一斉に改正され、資産の譲渡が時価で行われる限り、たとえ売主がその時点ですでにインソルベントであったとしても、その取引は否認されないことが明確化された。「時価」の証明の厳密さをどこまで求めるかなど、実務的に微妙な点はまだ残るが、不動産であれば正規の鑑定評価書があればよいと推定される。

しかし、マイカル管財人の主張は、否認の対象にならない資産売却であっても、売買ではなく担保付融資と再構成すべき取引が存在し、マイカル店舗の証券化はそれにあたるというものであった（倒産法的再構成）。「事業革新」を目的にした店舗証券化はマイカルが事後に倒産した結果、「偽装」の嫌疑をかけられるに至ったのである。

フルペイアウト型とバルーン型

取引の形式にとらわれず、倒産後に実質判断を優先して当該取引を融資と再構成し、対象資産に対する倒産会社の所有権を認めるべきケースは、大別して2種類あるとされる。

一つ目は、賃借人が賃貸人に支払う賃料で対象資産の代金相当額が償還されるフルペイアウト型、二つ目は、賃貸人が賃借人に対して売戻権を保有する場合を典型とするバルーン型（とでも名付けるべきか）である。

前者は、動産のファイナンスリースを典型とする。その場合、レッシー（賃借人）は対象動産を法定償却期限まで使い尽くすことを前提にして契約する。引き渡された動産はいったん新品ではなくなると償却速度よりも速く陳腐化するので、レッサー（賃貸人）としては、レッシーが対象動産の「所有権者としてのリスク」を負担してくれないと商売にならない。そのため、途中で対象動産が滅失した場合、レッシーが「残存リース料を一括して支払う（返済する）義務を負う」ことも契約される必要があるのである。

「いわゆるフルペイアウト方式によるファイナンスリース契約によりリース物件の引き渡しを受けたユーザーにつき会社更生手続の開始決定があった場合、未払のリース料債権は、その全額が更生債権となる」（最判平成7年4月14日）。この判例が「ファイナンスリースは更生担保権になる」との認識を定着させたようである（なお、リース料債権が法律上、更生債権になるかどうかと、会計上のファイナンスリースの議論は根本的に違う。言葉が類似しているために論理のすり替えに使用されやすい）。

後者は、おもに不動産のセール・アンド・リースバック取引にみられる。買手（賃貸人）が売手（賃借人）に対象資産を売り戻す権利を保有しており、賃料キャッシュフローと一定の行使価格で対象物件を売り戻すことにより生ずる一括のキャッシュフローの組合せが、期中における元本の一部返済と期限日での残額一括返済というバルーン型ローンに類似するものである。

マイカル店舗の証券化では、SPCの売戻権やマイカルの低廉ストライクの買戻権は付与されていなかったので、バルーン型を主張することはむずかしかった。このため、SPCの権利を更生担保権に再構成すべきと主張する側は、フルペイメント型になぞらえたと考えられる。

不動産の信託譲渡と、それに続く受益権のSPCへの譲渡による売却代金の取得を借入れの手取り金とみなすため、賃借人に課された15年にも及ぶ長期の解約不能条件をとらえて、これにより店舗不動産の売主＝賃借人が縛られているということは、実質的な融資取引で賃借人が元本と利息の返済を確約していることを示していると強引に結論づけたのだった。

不動産のフルペイアウトはむずかしい

前述の最高裁判例は、リース取引を偽装された融資取引と判定するにあたり、取引の経済的な意味を十分にかつ数学的に考慮しているように見受けられる。しかし、マイカル管財人側の主張は、それと同種の経済的な分析が希薄であった。最終的には、東京地裁の調停案に双方が応じるかたちで痛み分けのような解決になったが、ここでは訴訟になれば明確な解決がもたらされた可能性のある諸論点について、私の考えを述べてみたい。

まず、土地を含む店舗不動産は簡単にはフルペイアウトしない。機械のような動産のリースでフルペイメント型のリース料の設計が可能なのは、減価償却という税務上の損金制度が存在するからである。減価償却費見合いの賃料が非課税となることで、償却期間でフルペイアウトできるのである。賃料から現金経費を控除した純賃料は、減価償却費によって非課税となる現金と残りの収益金に分かれる。非課税現金は減価償却期間で、投下元本と等価になる（ただし、昔は10％残価があった）。収益金は課税されるが、それは金利収入も同じである。

しかし、通常建物の償却は法定で30年以上もある。さらに、土地は償却されない。土地・建物の賃料15年分程度でフルペイアウトしようとすれば、諸経費を控除した税前利益（NOI）は相当に大きな金額になる。マイカル店舗の証券化の場合、当初5年間の賃料は低めに抑えられていた。当時の通常の店舗不動産のCAPレートはNOIで7～8％程度が妥当だったところ、最初の5年だけは5％以下の賃料に設定されていたはずだ。市場賃料復帰条項によって取引当初の推定市場賃料（取引価格から逆算して8％程度だった）に復帰したとしても、その後、3年ごとの賃料更改が予定されていた。かりに推定市場賃料が〝不当〟に高いものだったとしても、継続賃料の改定慣行に従えば3年ごとに20～25％ずつ下がることになるので、フルペイアウトはむずかしかった。

6 真正譲渡を巡る論争（下）

税務・会計上の議論との混同

更生会社マイカルの管財人側は、同社の店舗証券化は会計上や税務上のオフバランスルールに合致していないので、法的にも資産の真正譲渡とは認められないと主張していた。

税務上の所有権移転外ファイナンスリースの要件を減価償却されない土地に適用するのは問題があること（実際、2006年の税務ルール変更で土地には建物とは別の基準が適用されることになった）、会計上の「5％ないし20％ルール」への疑問についてはすでに述べた。

しかし、もっと問題なのは、法的な所有権移転と税務・会計上のオフバランスルールを混同して議論しようとしていたことである。管財人団のある弁護士が発表した論文は「店舗証券化の取引当時にはなかった新しい会計ルール（5％ないし10％ルール）を適用すると、マイカルが店舗資産の売却価格の20％の持分を保有している同社の店舗証券化は企業会計上、資産譲渡とは認められず、更生担保権でもない不動産がバランスシートに載ってくるという不思議な現象が起こる」から、更生担保権と疑うに足ると論じた。

しかし、管財人側の主張の理論的根拠となった京都大学の山本克己教授の論文には次のような記述がある。「（会計上の）オフバランス基準と更生担保権化の基準が相当に密接な関係に立つことは否定しないが、オフバランス基準は、それ独自の目的のために設定されているものであるから、更生担保権化との関係では参考材料的な意味しかなく、更生担保権化の有無は、純粋に取引法的に考察されるべきである」。管財人団の弁護士は味方の意見書をもっと読み込むべきだったと思われる。

店舗証券化の経済的な実質

法的に「偽装された融資」かどうかは、取引の経済的な実質を数値的に明らかにし、法的な論理に忠実にあてはめることによって判定されるはずである。

まず、マイカル店舗の証券化では、天災地変の際には買手SPC（＝賃貸人）は賃料をもらえなくなると明確に規定されており（48カ月分の解約違約金すらもらえない）、危険負担は買手に移転していた。また、キャッシュフローを詳細にみれば、フルペイアウト型融資にはならないことがわかる。

15年の解約不能期間はいかにも長いようだが、店舗建物の償却残存期間は平均で20年を超えていたし、不動産全体に対する建物の比率は6割程度であった。また、元本返済にあてられるのは、減価償却費に見合う賃料部分のみであり、それを超えた分の賃料は、金利や優先株の配当として、その時点の投資家に支払われる仕組みであった。

解約不能期間にわたってリファイナンスを繰り返した場合、建物の減価償却の進捗率は7割程度であり、全体の42％（60％×70％）までしか元本回収はできない。かりに5年目のリファイナンスができず、みなし市場賃料に復帰した場合でも、減価償却費見合い以上の元本回収はできないので、SPCが回収できるのは最大42%である。

さらに、買手SPCに売戻権はなかったので、バルーン型融資にもならない。ただし、売主(=賃借人)が売却代金から差し入れた差入保証金について、売主がリファイナンスに協力しない場合や賃貸借契約を解除した場合に劣後化するという条項があった。劣後事由が発生した場合、売主は差入保証金の返還をあきらめなければならない。これを避けるには売主が自ら物件を買い戻して代金債務と差入保証金債権を相殺する必要があるため、差入保証金の売却代金に対する割合があまりに大きいと、売主が買主に対して売戻権を与えているのと同じと主張される可能性があった。

しかし、マイカル店舗の証券化の場合、差入保証金は売却代金の15%ないし20%程度だった。議論を単純化するために、ここでは15%と考えよう。つまり、売却代金のうち差入保証金でファイナンスされているのは15%程度。加えて、取引から5年後のリファイナンス時には売却代金の14%程度の減価償却費見合いの元本回収が見込まれる(15年42%の5年分)。さらに、売主が賃貸借契約を解約する場合に買主は解約違約金として4年分の賃料を請求できるが、転貸に成功すれば新賃料分は不当利得として返還しなければならないので、このうち減価償却費見合いを超える分は投資家の必要リターンにすぎないと考えれば、元本回収に充当できるのは最大11％になる（5年14％の4年分）。

これらをすべて合計しても、買主が売主に転嫁できる元本回収リスクは40％程度にしかならない（15％＋14％＋11％）。これでは、売主にリスクを転嫁する実質的な金融取引とはとてもいえないことは自明だろう。

歴史に「もし」はないが

では、なぜ投資銀行やアセットマネジャーが最後まで法廷で争わなかったのか。「マイカルCMBSの仕組み全体を否定することが目的ではない」という、管財人側からの〝ありがたい〟お言葉も理由の一つだが、当時、真正譲渡の要件について現在ほど議論が煮詰まっていなかったという理由もある。むしろ、マイカルCMBSを巡る更生担保権論争がきっかけとなり、法的な議論がきちんと行われるようになった。

当時、管財人側から「異常な取決め」と指摘された、マイカル側の解約不能期間、競業避止条項、店舗修繕義務などの負担が、マイカルのビジネスにとって必要、または投資家の元本回収が店舗不動産の価値に依存するからこそ求められたということは前章で説明した。CMBSの機関投資家も十分に理解していたのだが、担当者が所属している組織全体が同じ理解をしていたわけでもない。マイカルが〝迷走〟の末に会社更生に着地したこともあって、「何か投資家に知らされていない要素が隠されていて、訴訟で負ける可能性を否定できない」と考える機関投資家も結構いた。

また、ＣＭＢＳを保有している投資家が、ＣＭＢＳをディスカウントで売却してしまうリスクも大きかった。ハイエナファンドへのＣＭＢＳの売却が進行すると、こちらが管財人と訴訟している間に、まったく取得コストの違う投資家たちがＳＰＣを支配することになり、勝手に管財人側と交渉してしまうこともありえた。

調停案を受け入れたために、証券化された各店舗の賃料はその時点の水準より高くなったが、解約不能期間を15年から4年半と短くされた。低コストでリファイナンスを繰り返すために導入された条項群もかなり削除された。しかし、そのような変更を経ても、マイカル店舗の証券化は既存の機関投資家の皆さまの忍従に支えられてリファイナンスに成功した。この場を借りてお礼を申し上げる。

ただ、もし管財人が逆にこの証券化を使ってリファイナンスを続けようと提案してきたら、どうなっていただろうか。歴史に「もし」はないが、そうではなかったことを残念に思う。

第5章

さくら野物語

——現在地からさくら野百貨店民事再生終了前後をみる

1 生まれ変われるか。さくら野百貨店弘前店の挑戦

2022年2月、足かけ3年にわたる疫病の流行でただでさえ客足が鈍いなか、追い打ちをかける大雪のなかで、さくら野百貨店は、長らく続く売上減少や利益減少に苦しみ続けていた。思い返せば、元親会社のマイカルの破綻に巻き込まれたあと、独自の民事再生手続を選び、店舗証券化を利用して民事再生計画を前倒しで達成するかたちで再出発をしてからはや20年近い星霜が過ぎた。

地方百貨店を取り巻く事業環境は、その間一度もよくなったことはない。そもそも伝統的な小売業態が売上げを失ってきた分野の本丸は衣料品であろう。ユニクロに代表されるSPA業態が独自の店舗戦略で衣類小売市場のシェアを奪い、続いてZOZOに象徴される通販業態もそこに参入したのだからたまったものではない。

根拠となるデータをもっていないので、少し切れ味が悪いコメントで恐縮だが、シェアを失ったダメージは、百貨店業界よりも、むしろ店舗証券化の母体になったGMS（総合スーパー）業界のほうが大きかったと思われる。そのことを推測させる出来事は、ファミリーマートによるGMS業界大手のユニーとその傘下のサンクス・サークルKの買収では

ないだろうか。サンクス・サークルKを手に入れたファミリーマートが、自社の戦略にとって必要のないGMSのユニーを転売しようとしたものの買手がなかなかつかなかった。最後にドン・キホーテがユニーを買収して決着した。ドン・キホーテは長崎屋買収でGMS店舗を転用した実績があったので、理解できる帰結であったが、GMS業界5位の大会社がこのような扱いを受けたのは驚きであった。

GMSより百貨店業界のほうが全体的にはましだとしても、業界内では地方百貨店は多少別扱いされており、過去大手GMSの系列になっていた地方百貨店も多い。上記のように親会社であるGMSの経営が傾けば、そのあおりを受けて地方百貨店も苦しむことになる。中央の大手上場百貨店は訪日外国人による爆買いの恩恵を受けた時期もあったが、地方百貨店はその恩恵もあまり受けていないところが多い。当然資本の蓄積も少ない。苦しんでいる地方百貨店は、さくら野百貨店だけではないだろう。

そういう背景があって、長い時間をかけて業界のプレーヤーは淘汰されてきた。東北地方の足もとの動向だけを視野に入れても、八戸の三春屋、山形の大沼、函館の棒二森屋、花巻のマルカン百貨店など、地元で育った百貨店が多数閉店した。

しかし、取引銀行の支援や、大株主、そして代替わりした若い経営陣の血のにじむような努力のおかげで、なんとかまだ事業を継続している地方百貨店もある。そして、未来へ向けて変化するための努力をしている。

何を隠そう、私はいまもこのさくら野百貨店からお取引をいただいている。「地方百貨店に生まれ変わる余地などあるのか」といぶかる向きも多いと思う。しかし、私は、世の中から必要とされ続ける事業に生まれ変わってほしいと願いながら、お取引させていただいている。

先日、日曜日朝のテレビ番組で、日本で頑張る会社を特集していた。ニトリの似鳥会長や、日本交通の川鍋社長など錚々たるメンバーが出演されていた。北海道の家具屋だったニトリはいまや、全国のだれもが知る巨大な住生活チェーンになった。タクシーという規制料金業種であるとはいえ、日本交通はデジタル技術で革新を成し遂げている。

川鍋社長は「それなりの売上げがあるなら、調子の悪くなった事業でも工夫次第でよくすることができる」という趣旨の発言をされていた。この発言どおり、優れた経営者が企業体の弱点を見出し、事業に質的な変化をもたらすポイントに気づけば、当該企業が次の時代に生まれ変わって生き残る余地があることも否定できないと思う。

私も「確実に生まれ変わって生き残れるよ、さくら野は」と本書でいいきれるほど、まだ自信はない。しかし、民事再生手続終了のためのさくら野ＣＭＢＳの担保を構成していた「さくら野弘前店」の各店舗は、百貨店コアのリージョナル・ショッピングセンター（ＳＣ）として生まれ変わりへの挑戦を始めている。

２０２２年の春、さくら野弘前店は１階の食品売場などを大規模改装した。老朽化して競争力を失いかけていたうえに、ＧＭＳ流の売場では価格競争で負けてしまうことになるから、百貨店をコアとするＳＣを目指して名店街の拡幅、流行の冷凍食品の拡充、インパクトのある総菜の追加などの手を打ってきた。そうした施策が効を奏し始めている。

赤字〝量産〟区画になっていた４階の宿泊温浴施設は、不採算の原因になっていた宿泊施設を２０１９年に廃止して、清潔で眺望も「売り」にできるフィットネス施設を中心にした最新の温浴施設に生まれ変わった。故障して放置されていたサウナも、青森ヒバを使った「整う」ものに変わった。水風呂のあとにベランダに出れば、津軽地方の名山、岩木山の見事な眺望を楽しめる露天温泉がある。

１階の中心部にあった、なぜか「発色の悪い」熱帯魚が泳いでいた「渡嘉敷水槽」は撤去され、最新のフードコートに生まれ変わった。コロナ禍によって、小売業以上に厳しかった飲食業からの出店が本当にできるのか疑問をもっていたが、リニューアル・オープンまでに4区画のうち3区画が地元企業の出店によって埋まったことも刮目すべき成果である。

目先の利益や雇用関係の支払いを優先してきたおかげで、開店後30年を経て、かなり危険な水準まで老朽化していた空調系統の中核である熱源設備も新型に切り替わった。宿泊施設の閉鎖に加えて、この熱源システム切替えに伴う空調諸設備の更新と冷凍冷蔵設備の更新は、施設の電力使用量を10〜15%程度引き下げる効果を生み、夏季の冷房のために消費していた重油約20万リットルをセーブすることにも成功した。このような固定費の削減だけで年間総額3000万円相当に及ぶとみられる。

まだ道なかばではあるが、当社（道慈キャピタル）がアセットマネジャーとして主導しているさくら野弘前店のリニューアル・プロジェクトは、商業施設のフルリノベーションである。しかも、ハード面だけに着目した、いまある設備のうち古くなって動かなくなった設備だけを部分更新するような単純な設備更新ではない。事業の部分改廃なども並行して進めることで、科学的に投資採算を測って最適な投資を実行する「リアル・アセットマネジメント」の実現を目指している。老朽化したリアル店舗の収益性と集客性を改善するためにさまざまな知恵を投入し、同店は地元に必要不可欠な大規模施設へと生まれ変わるためにようやく歩き始めたのである。

2 再生計画終了前倒しのための不動産証券化とその背景

不動産に群がるハイエナを排除

「店舗証券化を利用して民事再生計画を達成」などといってもピンとこないのが当り前だろう。念のため説明すると、民事再生手続はご存じのように再建型法的整理なので、民事再生計画は、再生債権者団が承認した減免された再生債権の返済スケジュールのことである。それほどうまく返済を進めることができないのが普通であるから、計画を達成できたことは非常にすばらしいことである。では、店舗不動産の証券化が、なぜ民事再生計画の達成に寄与するのか。

確かに、「換金が簡単ではない自用の事業用不動産」が資産の大半を占める企業が流動性不足で破綻するケースは多い。その場合、事業用不動産を「換金して資本回収すること」ができれば、事業継続と再生債権の前倒し返済＝再生計画の終了という夢のようなこともできる。しかし、当該企業の問題が流動性の不足だけならば、初めから破綻などしないはずである。より根本的には、事業の収益性の低さという問題がある。

そして、その低い収益性の裏には複数の原因がある。第一に、収益を阻害する不動産に関わる権利関係がある。例をあげれば、近隣相場まで地代を引き下げることを拒否する地主や、建物を賃貸しているのにいちばんいい部分にただで居座っている家主などである。収益力が低下しているのに、地代や家賃を相場並みにすることに抵抗する権利者のために事業は苦しむ。

第二に、収益を生む土台である建物不動産への資本投資の懈怠がある。例をあげれば、店舗が老朽化しても、まだ動いている古い空調設備を取り替える決断をすることや、応急手当てでなんとか維持している水回り設備の更新に資金を配分することはなかなかできない。デコボコ床の修繕なども目先の利益に直結しないので放置されてしまう。店舗への投資より従業員へのボーナスの支払いを優先する事業者が多い。

第三に、従業員過多である。雇用を守ることを経営の第一目標とし、合理化努力を怠っている。最近多く指摘されることであるが、雇用本位制ともいうべき指向が、一時期技術力で圧倒的な強みをもっていた日本企業から国際競争力を奪っている。パーヘッド生産性を経営指標にしない企業が、従業員に十分な福利厚生や報酬を支給することなどできはしない。

以上の3点は、現代の日本企業に共通する問題である。

ところで、店舗証券化によって、仙台店の問題点を解決するための30億円の店舗再生投資資金の調達や、ハイエナのエサになりかけていた自ら占有運営する店舗不動産の一部を買い戻すといったことを民事再生会社がやってのけたことは、前章でご説明させていただいたとおりである。

最初の店舗証券化の準備として、バラバラだったさくら野百貨店仙台店を構成する区分所有権は一部の賃借部分を除き信託勘定に集約され、再生スポンサーとさくら野百貨店が出資するSPCが信託受益権を保有することで、おおむね一体性ある不動産になった。底地だけを再生会社さくら野百貨店が所有しており、旧マイカル関係会社が所有する店舗建物上で運営されていた弘前店も、SPCが旧マイカルから信託譲渡を利用したかたちで店舗建物を買い戻し、一体の不動産となった。第三者地主が所有する敷地の上で旧マイカルが保有していた石巻店も同様に信託設定したうえで買い戻された。

これは前記の問題のうち、第一と第二を解決するものであったということができる。

前・術後

（単位：％）

建物区分所有権の集約		
術前	術後	SPCへの集約方法
14.80	0.00	**匿名組合出資**
62.70	0.00	受益権現金買取り
2.80	0.00	受益権現金買取り
0.00	**80.30**	
19.70	19.70	
0.00	0.00	
100.00	0.00	受益権現金買取り
0.00	**100.00**	
100.00	0.00	受益権現金買取り
0.00	**100.00**	
0.00	0.00	

前章でも触れたが、政府の金融政策の影響もあり、北海道拓殖銀行が破綻し、山一證券が廃業した１９９７年以降、企業の破綻が続発したのは当然のことであった。このころ、破綻企業の再建のためと称して、管財人の弁護士が外資系ファンドなどに破綻企業の資産を売却する構図ができあがっていた。当時からリーマンショックが片づくまでの約20年間、資産を急いで売却しなければならない立場に追い込まれた破綻企業や、危機に瀕している企業から資産を買い取ることは、外資系ファンド（すべてが死肉に群がる「ハイエナファンド」ではないが）にとっておいしい商売であった。

だから、さくら野百貨店にとっては、自らが占有し営業している店舗の部品ともいうべき敷地・建物の所有権や区分所有権などが、更生会社マイカルの管財人

図表5－1　さくら野百貨店仙台店・弘前店・石巻店所有関係の術

権利者		敷地権の集約		
		術前	術後	SPCへの集約方法
仙台店	さくら野百貨店	0.00	0.00	
	更生会社マイカル	41.30	0.00	受益権現金買取り
	三井住友銀行	7.80	0.00	受益権現金買取り
	新設管理処分信託	0.00	**49.10**	
	第三者底地権者	50.90	50.90	
弘前店	さくら野百貨店	100.00	0.00	**匿名組合出資**
	更生会社マイカル	0.00	0.00	
	新設管理処分信託	0.00	**100.00**	
石巻店	更生会社マイカル	0.00	0.00	
	新設管理処分信託	0.00	**0.00**	
	第三者底地権者	100.00	100.00	

からそういうファンド等に売却されるという事態はぜひ回避したいところであった。図表5－1からわかるように、とくに店舗建物のほとんどは、更生会社マイカルに所有されていた。地方物件であり、やはり破綻している同社のグループ会社をテナントとする店舗建物をファンドへ売却する場合には、二足三文で買いたたかれることが想定された。

　再生会社さくら野百貨店が事業を展開する店舗不動産の権利の一部が、そういうファンドに安く譲渡された場合には、ファンドはその不動産権を盾に賃料の一方的引上げを要求し、さもなければ自分の権利を高く買い取れという要求に出たであろう。それは再生の障害となり、スポンサーの負担の上昇にもつながったものと予想される。そのような事態を防ぐことが、前述した事業にとっての第一の障害の排除である。

私は、事業者の事業用不動産に対する収益支配力という考え方をもっている。ある不動産を所有して事業を行う事業者は通常、事業用建物とその底地を一体の不動産として利用する。ところが、事業者以外の第三者が底地の一部や建物の一部を所有し、事業者が賃借して使用している状態になると、事業用不動産の収益や処分への支配力が弱まり、最悪の場合には、その第三者のために事業をしているようなことになってしまう。

したがって、可能な限り、事業者の事業用不動産への収益支配力を確保することが、店舗証券化の基本事項となる。第三者が協力的な場合には、第三者を権利者として残すことを許容することもありうるが、そうでもなければ、店舗証券化に適する状態まで権利関係の整理をすることが実は大変なのである。権利関係の調整を目的とする契約群（売買契約になろう）が締結されれば、権利の買取りのために資金が必要になるが、事業用不動産の証券化ではそれも総調達額に含めることができる。事業用不動産の権利関係を集約することによって、シナジー効果が発生するからである。

事業者は証券化に適する段階まで権利関係が整理された事業用不動産をすべていったんSPCに譲渡する、あるいは、初めからSPCを通じて権利関係を整理する。ここでSPCは、融資とエクイティ投資家からの出資で譲渡を受けるための資金を調達する。このかたちが事業用不動産証券化の基本パターンになっている。

事業にとって有益な地主・家主の確保

しかし、事業にとっての第二の障害（資本投資の懈怠）を排除するためには、さらに進んで、事業の成功に関心をもつ地主・家主を確保する必要がある。事業者が事業用不動産のセール・アンド・リースバックの相手方を事業に関心をもたないまったくの第三者に依頼する場合と、事業用不動産証券化を利用する場合との相違とはなんであろうか。

たとえば、事業者の株主が事業用不動産証券化のエクイティ投資家を兼ねる場合をみてみよう。後者の場合には、エクイティ投資家が事業者の株主として、マスターレッシーたる事業者のリターンを極大化する努力の一環としての取引になるので、リースバックにより回収された資本の再投資も含めて、事業の先行きに与える影響を慎重に吟味することになるだろう。その結果、事業者によるマスターリース料の支払原資の安定が図れるというメリットが出るだろう。事業用不動産証券化のエクイティ投資家が事業者の株主でなくても、事業に協力的な投資家であれば問題ない。

これに比して、事業用不動産を買い取るのが非協力的な第三者の場合、第三者は自分の収益の最大化が目的であるから、事業者と利益相反を起こす可能性が高い。事業を排除して再開発を行い、他の用途で不動産を利用するほうが、利益が大きい場合には、リースバック契約に基づく事業の継続性は危ぶまれることになる。

したがって、事業収益力の向上に協力してくれる「よい投資家」とともに事業と事業用不動産の価値双方を引き上げていくのが望ましいかたちである。こうして事業者が事業の基盤になる不動産への収益支配力を可能な限り高めることは、事業用不動産をSPCにセール・アンド・リースバックし、そのSPCを経由した共同投資スキームを確立するための最低限の条件といえる。実際、さくら野百貨店のケースでは、同社やその再生スポンサー（株主）である武田家が、不動産投資をSPC経由で実行し、端物資産を換金せず証券化のエクイティに変換することにした（一部は現金化した）。図表5－1で「さくら野百貨店」と記載してある箇所は、さくら野百貨店とそのスポンサーが所有しているのである。

店舗不動産を集約し、不動産証券化の器である信託＋SPCにセール・アンド・リースバックすることは、再生対象の事業の収益性を安定させる効果がある一方で、再生に必要な店舗への投資を再生会社に代わって調達実行してくれる「よき大家」ＳＰＣにとってはマスターリース賃料が安定収益源になる結果、担保価値の向上効果を想定して資金を集めることで再生会社がマスターレッシーである案件で30億円（工事金は21億円）もの店舗再生投資資金の調達が可能となった。

しかし、さくら野百貨店の事業再生計画早期終了には、もう一つの大切なファクターがあった。クレディスイスが再生手続終了のために、同社に対し約50億円もの無担保・ネガティブプレッジ条項付企業融資を実行したという事実だ。これは、銀行業界におられる方には、十分驚いていただけることだと思う。なぜ、そんなことが可能となったのか。

信託譲渡とＳＰＣによる信託受益権の購入を通じて買収した、仙台・弘前・石巻３店舗の不動産の買取価格は、ハイエナが狙う水準よりは高いが、権利集約をしたあと到達できる全体価格よりは相当低いものであった。その理由は、区分所有権や底地権など部分的な不動産はただでさえ安くなりやすいうえに、民事再生会社が使用中ということもあり、当然裁判所の査定価格も安いからである。そういう安い査定価格でバラバラに所有されていた不動産を再結集したことにより、店舗不動産全体の価値が上がることになった。

ここで再生会社さくら野百貨店は、同社自身が所有する仙台店の裏通り側の借地権付区分所有不動産と弘前店の店舗不動産を証券化SPCに拠出する対価として、証券化SPCのエクイティを保有することになった。同社には立派なスポンサーがついたのであるから、同社の信用力は飛躍的に上がり、それとともに安いコストで買い集めた店舗不動産の価値も飛躍的に増加した。その結果、同社が所有していた「店舗のかけら」が転じた不動産証券化のエクイティの価値も飛躍的に上がったのである。

クレディスイスによる再生会社さくら野百貨店に対する50億円の無担保融資は、同社が保有するこの不動産証券化のエクイティ価値を裏付けにして実行された。いわば「ハイエナの上前をはねる」含み益が再生会社さくら野百貨店に集約されていたからこそ、可能な融資だったのである。

民事再生手続脱出のためのファイナンス

ここで、さくら野百貨店が民事再生手続から脱出するために実行した不動産証券化取引の概要を整理すると、次のようになる。

最初のCMBSの発行時点で、区分所有で構成されている仙台店の不動産は、所有権の名義上の帰属主体が、中央にある第三者専有部分を挟むかたちでA信託、B信託に分かれていた。再生スポンサーの1人である武田株式会社が仙台店A信託受益権と石巻店の信託受益権の所有者、さくら野百貨店をおもな匿名組合員とする匿名組合契約の営業者である桜守店舗再生投資有限会社が仙台店B信託受益権と弘前店の信託受益権の所有者となり、両社へのローンを担保としてCMBSが発行された。

最初のCMBSによる調達資金30億円で仙台店のリノベーションが進み、不動産の価値がきちんと評価されるようになった段階で、信託受益権の所有主体を一つのSPCに統合したほうが与信を受けやすいことから、仙台店のA・B両信託受益権を保有する仙台店用SPCを設立した。同様に弘前店の信託受益権を所有する弘前店用SPC、石巻店の信託受益権を所有する石巻店用SPCを設立し、三つのSPCに所有形態を整理して、今後の処分が信託受益権のままで簡潔にできるようスキームを整理変更した。

このリファイナンスでは、早期償還に対するペナルティを極力なくし、むしろそれを許容推進するタイプのCMBSを発行した。仙台店は後述するように再開発プロジェクトが予定されていたので、大家であるSPCとさくら野百貨店との間のマスターリース契約は、さくら野百貨店が再開発プロジェクトの進捗に応じて店舗運営から撤退できる内容とした。これに対し、弘前店や石巻店については店舗運営を継続することを予定し、第3章のマイカル証券化でも触れた、賃借人における店舗の適切な修繕を確保するための資本維持積立金、長期解約不能期間の設定、営業情報の開示などの諸条項を盛り込んだ。

この処分型証券化スキームの組成と並行するかたちで、クレディスイスが再生手続終了のために、再生会社さくら野百貨店に対し約50億円の無担保・ネガティブプレッジ条項付企業融資を実行した。この融資により、日本政策投資銀行から資金繰りのために追加提供されていた優先株出資10億円、再生債権3億円、やはり日本政策投資銀行からのＤＩＰローン19億円が償還・返済され、２００５年5月、再生計画終了により晴れてさくら野百貨店は普通の会社に戻ることができたのである。

第二段階のＣＭＢＳ発行の時点で、さくら野百貨店は仙台事業を行う会社と、それ以外の店舗（弘前店、石巻店を含む店舗）を運営する会社とに分離された。これは、仙台店が老朽化していたので、当面営業は継続するものの、再開発をする準備であった。仙台店を売却するときに営業会社も併せて売却することで、スムーズに閉店することを想定していた。その時点で仙台店は髙島屋の支援を受けていたので、順当にいけば特定のデベロッパーに店舗不動産を取得してもらい、そのデベロッパーと髙島屋との交渉により、「駅前」

髙島屋が仙台にできる可能性を期待してのシフトであった。

その後、仙台店SPCに対するエクイティ持分（匿名組合持分）は某デベロッパーに譲渡され、仙台営業会社の株式は、さくら野百貨店の持株会社から、会社経営陣による持株会に備忘価格で譲渡された（プチMBOである）。さくら野百貨店は仙台店営業会社に「さくら野百貨店」という商標の使用を無償で許可し、仙台店に非常勤の兼務役員を派遣した。こうして仙台店は再開発開始まで営業を続け、再開発後の新店にも一部従業員を参加させてもらうことを狙った新体制ができあがった。

しかし、デベロッパーと髙島屋の間の再開発の交渉は思惑どおりには進まず、別の用途を念頭においた再開発を目指すことになり、SPC以外の仙台店の地主（家主兼地主も含む）との再開発へ向けた交渉もゆっくりと進めることになった。そのため、仙台店の信託受益権A・Bを所有するSPCは信託受益権を売却するのではなく、CMBSの担保になっていた受益権担保ローンを銀行借換えで返済することになった。その結果、さくら野百貨店再生終了のためのCMBSのうち、シニアのAAトランシェは償還された。

弘前店の信託受益権は、当時リートの設立を目指していたゼファーという不動産会社とそのパートナーであった新生銀行のコンソーシアムに100億円近い金額で売却された。

そのおかげで、発行されていたＣＭＢＳはすべて償還され、さらに、さくら野百貨店が保有していたエクイティ持分（匿名組合持分）にもかなり大きな配当が出た。クレディスイスによる50億円超の融資のうち、半分近い金額も償還されたのである。

かくして、さくら野百貨店は仙台店を除く店舗を運営しながら、再生債権、優先債権、ＣＭＢＳのローンのすべてを返済し、30億円程度の無担保ローンのみを残すかたちになった。ＣＭＢＳローンがすべて返済されたので、石巻店は不動産管理処分信託に入ったまま、その信託受益権がＳＰＣからさくら野百貨店に帰ってきた。すなわち、まるごと1店舗がなんの制約もなく帰ってきた。クレディスイスに対して残ったローンの担保の一つとする予定だったが、それで皆幸せ、ハッピーエンドにはならなかった。

3 民事再生終了後の3店舗

石巻店の数奇な運命

この3店舗には後日談がある。

まずは、石巻店の話になる。

この店舗は、宮城県の牡鹿半島の入口にある石巻市を商圏の中心にしていたが、その地域で発生した郊外型のイトーヨーカ堂とイオンの大型SC出店競争のあおりを食って閉店に追い込まれることになった。石巻店は石巻市内にあった比較的新しい店舗で、シネコン（旧ワーナー・マイカル）があることで、集客機能を保持していた。しかし、ジャイアント2社が半島というむずかしい立地で戦うために、シネコンは新設されるイオンSCへの移転を強制されることになり、シネコンの賃貸借契約も期間途中で解約申入れを受けることになった。

石巻駅前の好立地であったにもかかわらず、石巻店はシネコンが抜けたら顧客が激減した。シネコンとともに、顧客も奪われたという結果である。

そこで、石巻店は急きょ閉店することになったのだが、この店舗の借地権は一部転貸借で設定されていた。個人の地主が、その地主をオーナーとする有限会社と土地を分けもっていて、地主自身が所有する土地については、その有限会社が店舗建物を所有している不動産管理処分信託口に対して転貸するかたちになっていたのである。

地主と有限会社との間で賃貸借契約が存在するかどうか不明であったため、「地主と有限会社が土地の権利関係を巡ってもめた場合には、土地を使用する権利の半分程度が使用貸借とみなされるリスクがある。したがって、建物の価値もない」とコメントする投資家もあった。その慧眼は大したものであるが、現実は皮肉で、指摘された「建物を維持したいのに土地を利用する権利がぐらつく」という事態ではなく、「建物自体を維持できないから土地の利用料を支払い続けられない」という事態が発生した。

そして、土地の利用料を支払うことをやめるためには、その前に建物所有者は建物を解体して更地で土地を返還せざるをえず、そのコストは借りた建物を返還する場合とはけた違いの金額になると見込まれた。建坪が1万坪を超えていたので、坪当り5万円でも5億円の出費である。民事再生手続を終了したものの、いまだ30億円近い借入金のあったさくら野百貨店がその金額を支払えるはずもなく、さあどうするかという問題になった。

信託銀行と相談したうえで、地主に建物を献上することで解決できないかという話になった。確かに築浅物件で新耐震基準にも対応した物件だったから、解体するのはもったいない。地主も喜ぶだろうと、さっそく提案にいった。

しかし、地主の反応は想定外のものであった。「えー、地代がもらえなくなるのか？建物？ いらない、いらない。固定資産税を支払うことを考えたらそんなものいらないよ。なんなら、土地もいらないから、一緒にもっていってだれかにくれてやってくれ」といわれた。

「何？」。さくら野百貨店の担当チームは腰を抜かした。この底地には、それまで年間5000万円近い地代を支払っていたからである。地主が土地すらいらないというなら、そもそも地代自体が間違っていたのではないか。

とはいえ、そうだとしてもあとの祭りである。地代の回避だけではなく、地主の固定資産税と都市計画税（固都税）支払回避のためにも、1万坪の延床面積のある築浅の大型商業施設とその敷地を、ただでだれかに差し上げなくてはならないという、奇妙な運命共同体ができあがった。うかうかしていると、建物および土地の固都税の支払いをしなければならなくなるので緊張感が走った。

チーム全員で頭を抱えたが、固都税を支払うくらいなら、店舗をまるごと石巻市に献上したらどうかというアイディアが出た。どうせ放置すれば固都税滞納で市に物納になるはずだ。このアイディアが採用され、石巻店の土地・建物は石巻市に寄付することになった。

いまでも、さくら野百貨店の本社応接室には、天皇陛下の御璽が押印された総理大臣からの感謝状が掲示されている。多額の資財を献上したことへの感謝状である。多額の資財とは、駅前さくら野百貨店石巻店のことである。

その後、東日本大震災が東北地方を襲った。本当に気の毒であるが、三陸海岸沿いにある宮城県から岩手県までの都市の受けた被害は甚大であり、多くの港町の市街地や市役所などの基幹施設が壊滅的な被害を受けた。

しかし、石巻市役所は、その難を逃れた。石巻市役所は、海に近い旧本庁舎（ここはぎりぎり浸水しなかったようである）ほか数カ所の事務所が老朽化し、石巻店寄付時点で本庁舎などは築50年を経過していた。新庁舎建設予算の捻出に苦慮していたところに、駅前にある新耐震基準を満たしたビルが突然寄付されたので、そこに震災前までに市庁舎の集約移転をすませていたのである。

商業店舗として負の価値しかないと所有者に判断された不動産も、使い方を変えることによって、石巻市の庁舎新築の財政負担を回避し、災害のダメージもおそらく大いに軽減することに役立ったのであるから、感慨深い。

仙台店の閉店

前記2で説明したように、仙台店は前向きな再開発までの事業継続を目的に運営会社が分離され、閉店までは「さくら野百貨店」の名称使用、すなわち商標使用権を無償で与えられた。これは、そもそも仙台店の従業員が店を続けていたからである。仙台店の営業会社の株主は従業員幹部の持株会であり、さくら野百貨店との資本関係はなかった。

ところが、ある日、デベロッパーは、対象地の全所有権を、だれが本尊か不明の不動産ファンドに売却してしまった。裏側をみせたくないからであろうか、新しい持ち主になった「謎のファンド」の代理人と称する弁護士が窓口になり、さくら野百貨店をはじめとする関係者との交渉を担うようになった。

仙台店の営業はその後もしばらく継続されていたが、石巻店同様に東日本大震災に見舞われた。仙台店への直接のダメージは比較的に少なかったものの、やはり支払期日に仕入代金を一括で支払うことはむずかしくなった。仙台店営業会社は、すべての取引先に、被害によって売上げが停滞した仕入債権について、分割払いを一律にお願いした。その結果、なんとか仕入先との関係は独立して維持されることになった。仙台店営業会社は取引先に対して、資本関係のないさくら野百貨店とは商業信用でも分離されることを説明していた。

地主、家主に対しても仙台店の底地の地代支払いや区分所有建物の家賃の減免を依頼し、おおむね協力を得たものの、一部の地主はそれに応じず、満額の支払いを要求してきた。仙台店はそういう地主には仕方なく満額支払いを継続していたようだが、そのことを知った協力的な地主が減免を拒否し、満額の地代支払いを要求する訴訟を起こしたようである。その裁判の判決は、仙台営業会社に不利になりそうだった。

謎のファンドは、その前に仙台営業会社の株式を従業員幹部の持株会から買い上げていた。そして、裁判の結果が不利になるとみるや、仙台営業会社を破産させるかもしれないといってきた。さくら野百貨店としては、仙台店に商標使用権を無償で提供していたので、そのような方針なら商標使用許可を停止する旨通知し、仙台店がさくら野百貨店ではないことを消費者に通知するよう要求したが、そのようなきちんとした対処はなされなかった。おそらく無償で使用している商標のままで破産申請をするほうが、さくら野百貨店を悪者にして、だれが本当の破産申請の本尊かを知られなくてすむからであろう。

結局、仙台店は2017年2月に破産申請を行った。地元紙の河北新報は、すでに仙台店経営から離脱していたさくら野百貨店が破産申請選択の糸を引いたといわんばかりの報道をしていたが、こうした報道はまったく真相には切り込んでいない。

さくら野百貨店は商標使用を許していた責任を感じて、破綻した仙台店発行の商品券を、本来は別の事業体になっているそれ以外のさくら野百貨店店舗でも使用継続できるようにした。消費者の信用を重要視していたからである。それが逆にあだになって、さくら野百貨店が仙台営業会社を倒産に追い込んだようにみえたかもしれない。

仙台店閉店のあおりを食った、同店の建物敷地を間借りしていた焼鳥屋や豆菓子屋の店舗跡地には、さくら野百貨店への恨み節を書いた張り紙がなされていた。謎のファンドにとっては、自分たちの代わりにさくら野百貨店が地元住民の恨みを引き受けてくれたかたちとなり、実にラッキーだったのである。

弘前店の買戻し

そして、弘前店のそのあとの運命である。

こちらも簡単に未来が拓かれることはなかった。東日本大震災の前に世界を襲ったリーマンショックにより、ゼファーはリート受難の時代の到来を受けて夢かなわず倒産し、店舗不動産はパートナーであった新生銀行に担保実行のかたちで引き取られた。もちろん、そのあともさくら野百貨店はずっと賃料を支払い続けていた。

私はクレディスイスを退職してから3年後の２０１４年、シンガポールにいた。コーポレート・ファイナンスやM＆Aのビジネスで雑巾がけをしていた時期である。日本を離れたクロスボーダーの仕事では大した実績をあげることができなかったが、アフターリーマンの回復の風が吹き始めた日本での活動も遠隔ながら開始していた。

そのなかで目をつけたのが、新生銀行へ高額な賃料を支払い続けるさくら野百貨店に対し、弘前店の店舗不動産の買戻しを提案してみることであった。銀行にとって、担保実行で取得した不動産を持ち続けることは本来喜ばしいことではない。換金性が低いものを担保にとったことが明らかになるからである。当時、リーマンショックのあとの市場環境では、地方百貨店が一括借りしている店舗不動産を買う機関投資家はいなかったので、新生銀行は弘前店の店舗不動産を「もたざるをえなかった」のであろう。

その時点でさくら野百貨店が支払っていた賃料は現在よりだいぶ高かったが、CAPレートも高かったので（市場で買いたい投資家がいないので価格が低く、利回りが高くなる）、買い戻すにはよいタイミングだった。また、店舗を買い戻して賃料の支払いが不要になれば営業利益を高めることができるし、借入金の返済後、自由になるキャッシュフローが増加し、設備更新もやりやすくなるというメリットがあった。

売手と買手のニーズが見事に合致して、お話を進めさせていただくことができた。買取資金の一部は、新生銀行が売主ファイナンスのかたちで提供してくれた。残りはさくら野百貨店のスポンサーである武田株式会社とさくら野百貨店とがそれぞれ資金を出し合って、総額約60億円で買戻しを成立させることができた。

弘前店はなかなか巨大な商業施設であり、本丸のA棟と、複数の建物からなるB群棟（建築基準法上の一団地認定を受けている）とに分かれる。当初、さくら野百貨店は資金力の問題もあって、自らの営業の本拠であるA棟だけの買戻しを希望していた。しかし、すべてを買い戻すことが売手の絶対条件だったので、A棟とB群棟の双方を買い戻したのである。

さくら野百貨店がB群棟の買戻しを希望しなかった理由の一つには、さくら野百貨店がB群棟の使用のために支払っている賃料よりも自身の売上げや転貸収入のかたちで得ている収益が少なく、逆ザヤになっていることがあったと、後になってわかった。A棟を買い戻したあと、B群棟については賃料引下交渉をするつもりだったのだろうか。いずれにせよ、そのような売手の気持ちを無視した買い物は成立しなかった。

さて、さくら野百貨店が、やっとの思いで弘前店全体を買い戻したあと、ひと息つく間もなく、さまざまな問題が噴出してきた。予想どおり、とくにB群棟の転貸先との関係が大変な状態になった。

B群棟は、1階にモンベルやライトオンが入居し、2階がボウリング場になっている商業棟と、6スクリーンのシネマ棟、そしてパチンコ店のガイアが入居するP店棟、立体駐車場棟の4棟で構成されていた。そして、隣地に接続する追加の平面駐車場もあった。

まず、B群棟の一つであるシネマ棟を一棟借りしているシネコン運営会社から賃下圧力がかかった。それまでも賃下要求を受けると、ずるずると毎回その要求をのんできた歴史があったようだ。今回もシネコン運営会社は賃料引下げを要求し、引下げをのまなければ退店を検討するぞと通知してきた。よく調べると、テナント側からはいつでも解約できる内容の普通借家契約が締結されていた。一般のアパートなどならば普通の契約であるが、映画館のような特別な物件では明らかに不平等条約である。不平等条約を盾に「賃料を引き下げなければ、退店するぞ」といわれる状態はさすがにまずかった。

そうこうしているうちにパチンコ業界に規制強化の波が訪れ、ガイアも退店をちらつかせるようになった。加えて、商業棟2階にあるボウリング場の経営が立ち行かなくなり、預かっている売上金を充当しても賃料に不足する事態が発生していた。いわば三重苦である。

シネコン運営会社、パチンコ店、ボウリング場の三つのテナントからの賃料収入は、物件全体からの売上げ・賃料収入の5割を占めていた。この三つのテナントがすべて抜けた場合には、物件全体の価値が一時的とはいえ算定不能に近いくらい低くなることは容易に想像できたので、戦慄を覚えたものである。

弘前店B群棟へのパートナー投資

そうした厳しい事件が勃発するなか、さくら野百貨店からは案の定、買い戻したB群棟をなんとか売却したいという相談を受けた。価格に関しては償却後の簿価以下では売れない（特損計上を回避したい）が、リースバックの賃料に関しては現状より引き下げてほしいというのが売却の条件であった。

買手からみれば、賃料を引き下げれば投資利回りが悪化するわけで、その分物件の魅力が失われてしまう。売手の虫のよいリクエストに買手が応じる可能性はゼロに近い。とりわけ投資会社のアティチュードは、「なんとか買ってもよいけど」という返事をするような物件ではなく、「ぜひ買わせてほしい」という物件を買うことだ。そうでなければ、投資会社に資本を提供する最終投資家の要請に応えられないからだ。

しかし、私はさくら野百貨店の条件を満たす投資手法を検討することにした。想定される売却とは、さくら野百貨店とそのオーナーである武田株式会社が従来どおりA棟の信託受益権を保有し続ける一方、投資家の資金を集めてB群棟の信託受益権に対する集団投資スキームを仕上げることだった。前述のとおり、さくら野百貨店および武田株式会社が弘前店の店舗不動産の信託受益権を買い戻したときは、売主である新生銀行からローン（セラーファイナンス）が提供されていた。

道慈キャピタルはその時点では金融商品取引法上の助言・代理業の登録をしていなかったので、フィナンシャルアドバイザー（FA）ないしサブ・プロパティマネジャー（PM）という立ち位置で、集団投資スキームの組成に加わった。アセットマネジャー（AM）には、道慈キャピタルが助言・代理業登録をするまで、新生銀行からの弘前店買戻しを仲介してAMにもついていただいていたザイマックス社に続投をお願いした。

こう書けば、いとも簡単に案件が組成できたように聞こえるかもしれないが、B群棟を買い受けるSPCを組成するのはそう簡単ではなかった。地方百貨店が一括借りをしている地方の大型商業施設への投資案件に対し、機関投資家の反応は大変冷たかった。いまでもそれはあまり変わらない。

まず、集団投資スキームは全額エクイティで組成する場合もないわけではないが、やはり不動産担保ローンでレバレッジする必要があった。B群棟の買収のためには、融資が必要である。そこから仕事は始まった。借換融資を引き受ける新しい金融機関を探しに回ったが、なかなかよい反応は得られなかった。新生銀行の肩代わりにみえるということもあったのだろう。

そうしたなか、当時、三井住友銀行（SMBC）の取締役になっていた佐藤誠治さんを訪ねた。佐藤さんは、さくら野百貨店の民事再生をともに戦った、いわば同志でもあった。大和SMBCという証券会社があったとき、同社のM&A部門のヘッドをつとめておられ、再生系の案件でも活躍されていた。メガバンクに本件の話を聞いてもらうのは非常にハードルが高かったが、SさんからSMBCのチームにお引き合わせいただいた。

チームの皆さまには、地方百貨店のマスターリース物件だが、地方にしては比較的物件年齢も若く、地方百貨店の株主（スポンサー）もしっかりしている旨を説明し、なんとか案件をまとめたいと話した。提示した資料をみたうえで「これならなんとかなるかもしれない」というお返事を頂戴した。このご縁にはいまでも深く感謝している。

SMBCからいただいた融資条件にかかるご提案は、B群棟だけの購入ローンではなく、A棟のエクイティはそのままで、A棟を含めた新生銀行からのセラーファイナンス全体の借換えにするということであった。さくら野百貨店のスポンサーによる連帯保証も必要とされた。当然のことかと思う。したがって、不動産価値のみに注目して融資がされたわけではないのだが、すばらしいご提案であった。

Ｂ群棟のほうは、すでに説明したように、ローン返済原資であるリース収入の半分がぐらついているわけだから、簡単には与信がとれるわけもない。そのため、A棟もB群棟購入のための融資の共同担保のようなかたちになった。さくら野百貨店の賃料支払いが滞ってローンを返済できなくなった場合には、物件全体の売却が必要となるという条件だ。

次に、さくら野百貨店の「B群棟を売却したい」というニーズに応えるために、なんとかしてB群棟の信託受益権を購入できるようSPCに対するエクイティ投資家を集める必要があった。これがB群棟を保有する私募ファンドの組成である。

ＳＰＣを使用した、いわゆる不動産私募ファンドでは通常、キャッシュフローのブレがあまり大きくない、品質がかなりよい物件を対象とする投資が喜ばれる。その場合、価値創造の余地はあまりなく、リスクも低い。しかし、弘前B群棟のキャッシュフローはそのままでは安定したものではなく、価値創造の余地はあるものの、リスクも多大であった。

融資もなかなかつかない不動産への集団投資スキームの投資家を集めるに際し、物件のよさで勝負できないとすれば、投資利回りと価値創造機会を売り物にするしかない。投資家に価値創造の可能性を納得していただくためには、そのための事業計画と当該計画を実行する当事者が必要だし、主たるシナリオが実現不能になった場合に備えたコンティンジェンシー・プランも準備しなければならない。

そうした現実的かつ収益性の高い事業計画を立案・実行するのはだれか。本件ではＡＭ会社には主として管財業務や銀行窓口業務を担っていただき、リード投資家兼サブＰＭが価値創造計画を担うというかたちをとった。Ｂ群棟の共同投資スキームを組成するためのリード投資家兼サブＰＭ（さくら野百貨店がマスターレッシーなので、ＰＭはさくら野百貨店）となる会社として、道慈キャピタルは生まれた。

弘前店Ｂ群棟価値創造のための事業計画とは

事業計画の主要な要素の一つは、大揺れに揺れていたマスターリースの転貸先との契約（サブリース契約）からの賃料収入の安定化であった。

第一に、商業棟の２階にあるボウリング場については、ボウリング場オペレーターの取替えを狙いながら、最悪の場合にはボウリング場を廃止して物販床にするというプランを準備した。ボウリング場から物販床への転換について、さくら野百貨店から某大手ゼネコンに相談したことがあり、それは可能であるという回答が前提にあったからである。

第二に、シネコン運営会社からの「賃料を引き下げなければ、退店するぞ」というソフトな脅し付きの賃料引下げ要求への対処である。マスターリースがあるので、投資家のリスクには直結しないものの、シネコンが移転することはSCの集客力の低下につながるので、最終的にはSPCのエクイティ投資家にもリスクがある。実際、石巻店ではシネコンの移転・閉店が店舗全体の閉店につながった。

この問題の背景には、二つの大きな課題があった。

一つは、契約書が弱体だったことである。通常、シネマ棟のような他用途転用が簡単でない不動産を賃貸する場合には、契約期間中はノンキャンセルか、簡単にはキャンセルできない定期借家契約にする。しかし、さくら野百貨店がシネコン運営会社と結んでいた契約は普通借家契約で、テナントからの解約が6カ月前の事前通知で可能な内容になっていた。テナントは好きなだけ賃貸を継続し、自分が退店したい時には自由に退店できた。したがって、テナントから「賃料を下げてくれないのなら退店してもよい」といわれると、家主は震え上がるしかないのである。

もう一つの課題は、敷金返還である。一般に家主は、自らに敷金を返還する力がある限り、テナントから受領した敷金を費消することができる。しかし、大きなリース契約だと敷金の額も億円単位になるので、短いノーティス期間では敷金相当額を準備できない可能性も出てくる。一般に家主がＳＰＣの場合には敷金を信託勘定に現金で預託するが、さくら野百貨店にとっては、マスターリース賃料の支払いを継続するなか、いま退店されては収入もなくなり、敷金返還の負担が大ごとであった。さくら野百貨店は、賃料を引き下げても居残るように懇願する弱い家主の立場に追い込まれたのである。

このようなマウントをとられたままの「負けポジション」を解消しないと、最終的な価値創造はできないので、道慈キャピタルはＢ群棟購入後、シネコン運営会社と直接交渉する準備に入った。まずは市場調査を実施し、この店舗の商圏立地や駐車場環境がどうか、現在のシネコンが閉店する場合には別のシネコンにリーシングできるかを確認した。結果的に、競合状況も悪くなく、かりに空き店舗になった場合には、別のシネコン運営会社を呼べるという感触を得た。

そこで、賃料引下要求に対して「ご希望であれば、ご退店いただいても仕方ない」とい

う お返事をするために、電鉄系のシネコン運営会社の担当者を取引先からご紹介いただき、さまざまなアドバイスをいただいた。その方からは、「この会社なら、まだ進出成長希望があるので、紹介するよ」という心強いご支援もあり、毎回、賃下要求を受けるくらいなら、ほかのシネコン運営会社を募集する方向で準備をした。

敷金返還については、さくら野百貨店が希望する簿価売却の代金から借入金返済に必要な分を除いた金額を信託勘定に預託し、シネコン退店の際にもあせらないように、十分な現金をSPC側で温存することにした。

第三に、パチンコ店の退店については、退店されたあとの再利用プランを検討した。道路づけもよく、目立つ看板もつけられるので、賃料は下がるが、なんとかなるのではないかという結論が出た。パチンコ店からの賃料は魅力的ではあるが、売却時に評価が低くなる要素にもなる。メリット・デメリット双方があるのだ。

以上の準備をしたうえで、さくら野百貨店に収益が残るようにマスターリースの賃料をある程度引き下げ、SPCで共同投資スキームを組成してB群棟の信託受益権を購入させていただいた。道慈キャピタルの第1号案件である。

ここまで書いても、読者は「リスクが高いな」と思われるかもしれないが、リスクテイクを可能にした要素が実はもう一つある。さくら野百貨店のスポンサーである武田株式会社には、ＳＭＢＣの要請でＢ群棟ローンの実質保証をしていただいていたのだが、これに加えて5年ローンの満期前に、ＳＰＣからＢ群棟の信託受益権を買い戻す権利を付与する一方、反対に、その買戻価格よりも低い価格で信託受益権を引き取る義務（売渡オプション）も引き受けていただいた。

Ｂ群棟の投資家としては、この売渡オプションを行使すれば最低限の利回りが確保できる一方、スポンサーからコールオプションを行使されれば、事業計画がうまくいって価値創造効果で信託受益権の売却価格が引き上がった場合も利益が限定されてしまう。「なんとかして買う方法を考えるべき案件」としては、このスポンサーからのコール＆プット契約の提供が投資家集めには不可欠であった。これが前述した、いわゆるコンティンジェンシー・プランである。

このようなスキームで辛くも船出したＢ群棟共同投資スキームではあったが、天はわれらに味方し、準備した交渉プログラムが効を奏した。

シネコン運営会社はサブＰＭである当社からの予想外の回答を受けて急に態度を変え、期中解約が原則としてできない10年の定期借家契約への変更を受け入れた。もっとも、一方的に条件を引き上げたのではない。SPC側は家主として、映画館の設備修復などの協力もしたのである。老朽化していた空調熱源も新しい設備に切り替えることで、シネコン運営会社にはわれわれを信頼していただいた。

パチンコ店は退店されても仕方ないと思っていたが、結果的には業態変更して店舗運営を継続する方針になった。賃料引下げ幅も申入れのあった半額から大きく引き上がって2割程度の引下げになったうえに、同じく解約が簡単にはできない契約への変更ができた。

ボウリング場も次の運営者が決まり、賃料も想定ほどは下がらず新装開店になった。

マスターリースをはずしたかたちでのB群棟売却

この結果、B群棟の賃料収入はかなり安定した。不動産投資家としては、ひとまず安心の状態である。この時点までに、さくら野百貨店のスポンサーには前述のコール権を行使して最初の投資家からエクイティ持分を買い戻してもらい、道慈キャピタルとスポンサーが保有するエクイティ持分はおおむね半々になった。

一方、SMBCからの不動産ローンの満期は5年なので、5年目には信託受益権を売却しなければならない。いよいよB群棟の売却の準備に入る時期がきたのである。

収入は安定したものの、さくら野百貨店のB群棟全体からの賃料収益はやはり微減になったので、さくら野百貨店はＳＰＣにマスターリース賃料を支払うとあまり儲けがない状態が続いており、なるべく早くその状況を改善してあげる必要があった。さくら野百貨店としては、弘前店を一体として運営する役割は継続したいものの、このB群棟のマスターリースの義務を背負い続けるよりも、施設運営者のような立場になるのが最適であった。

また、地方百貨店がマスターリースする物件は買手がつかないか、大いに値段をたたかれる可能性があった。実際、簡単な市場調査では大変残念な価格提示を受けた。

そこで、思いきって、B群棟の売却にあたっては、さくら野百貨店のマスターリース契約を免除し、転貸先の賃料キャッシュフローをＳＰＣが直接とれる条件で売却先を探すという提案を行った。売却が成功すれば、さくら野百貨店の負担は減少する。

しかし、この場合、物件売却とＳＭＢＣへのローン返済が終わった時点で、信託銀行とさくら野百貨店との間のマスターリース契約を自動的にテナントとの契約に切り替えるというわけにはいかない。

商業信用の世界では、さくら野百貨店がマスターリースしている店舗に出店している取引先が、マスターリース先が交代した場合にそのままテナントで居続けるとは限らない。小売業者は、さくら野百貨店が売上金回収や販促といった機能を担ってくれているから出店しているのだ。マスターリースを引き受けている百貨店やＧＭＳが退店する場合には、現在埋まっている区画から店舗が退店してしまう可能性がある。

つまり、さくら野百貨店のマスターリースをなくして、テナントとの関係を信託銀行との間の直接契約にすることが常にうまくいくとは限らないので、買手はそういう条件を簡単には信用しない（その結果、ディスカウントされる）。そこで、買手候補の投資家には転貸関係を現実に直接賃貸に切り替えてみせる必要があった。

ところが、売却成立前にマスターリースを完全に解約すると、最低賃料を定める約束としてマスターリースを位置づけているローン契約に違反することになる。そこで、さくら野百貨店がマスターレッシーとして入らず、テナントミックスと長期契約で十分魅力ある物件であることを証明しながら、ＳＭＢＣとの約束も守ることができる方法を考えださなければならなかった。

それが「ギャップリース」の導入というアイディアだ。すなわち、信託銀行とさくら野百貨店の間のマスターリース契約を、信託銀行とＳＰＣの間のマスターリース契約に切り替え、SPCが転貸先との契約を引き継ぐ。そのうえで、SMBCへのローン返済が終わるまで、従来のマスターリースで保証されていた賃料収入が転貸先からの総賃料で賄えない場合には、その差額（ギャップ）をさくら野百貨店がSPCに支払うという契約である。逆に転貸先からの賃料収入がマスターリース賃料より多くなる場合には、SPCがさくら野百貨店にその差額を支払うことになる。ローン提供者にとってマスターリースが果たす経済的機能を維持しながら、法的な構造を先行して切り替えてみせ、B群棟が一つの物件として独立して運営できることを証明したのである。

さくら野百貨店側の協力もあって、この切替交渉はおおむねうまくいき、B群棟の転貸先からの賃料はほとんどSPCが直接受領できるようになった。その結果、投資家に対して、賃料源泉が1社に集中しているものではなく、B群棟が複数のテナントからのキャッシュフローで成り立つ賃貸不動産であることを証明できた。さくら野百貨店もA棟・B群棟を含めた施設全体の運営者として弘前SC全体の効率を追求する立場を残し、商業信用上のメンツも維持できたし、逆ザヤや修繕義務といった負担から離脱する準備ができるようになったので、三方丸く収まったのである。

このギャップリース作戦によって、SMBCからのローンを返済するまで損益状態だけをマスターリースと同じにしながら、マルチテナント商業施設に切り替えたことで、B群棟の信託受益権の売却先探索ができるようになった。結果、複数の買手候補が出現したが、さくら野百貨店の立場や価格に配慮していただける投資家とのご縁をいただき、お買い上げいただいた。当社としては、長期保有してもよかった。P店棟だけを残して売却する活動もしていたのだが、いかんせん単独で所有する力はなかった。

弘前店の溶ける煙突

娘を嫁に出す気持ちで弘前店B群棟を目標価格で売却するために、所有期間中に判明した物件の実物的な不具合を解消する必要があった。

一つは、敷地部分からの漏水である。通常の使用ではありえない水道料金が発生したのでその原因を調査したところ、地下配水管の水漏れが原因とわかった。複数の建物棟が建つ団地であるB群棟は、団地内の各棟に配水するために、市水を立体駐車場地下の受水槽にいったん引き込んでため、そこから地面に埋め込まれた各棟への配水管にポンプで流すかたちで配水していた。立地が寒冷地なので、凍結を回避するために排水管を地面に埋めるのがいちばん安価で有効な方法なのである。

原因がわかったので水道料金の増加は抑えられたものの、何回修理をしても特定の箇所から水漏れが繰り返し発生した。地下に埋められた上水配管からの水漏れがあまりにも乱発するので、掘削して徹底調査したところ、そもそも基準を満たす仕様の基幹配水管が使用されていなかったことが判明した。使用されていたのは、通常下水管に使用される灰色のものだった。さらに問題だったのは、それまでの修繕も応急措置にすぎなかったことだ。

元施工の大手ゼネコンS社に問い合わせると、施工主の了解をとっての仕様変更との回答であった。通常そのような承諾を施工側がするはずはないと思ったが、真相は闇のなかである。弁護士にも相談したが、時効期間が過ぎているとの回答だった。

建物や基幹設備の耐用年数が経過する前に、請負債務の時効が完成してしまうなら、通常はみえない部分の欠陥工事が時間を経て発生するようなケースに対処できないので、より適切な立法措置が必要だと実感した。いずれにしても、適切な品質の配水管を埋め直すことにした。

もう一つ、奇怪な事件があった。

売却準備のために、当社チームは立体駐車場棟の修繕を進め、雪が駐車スペースに入り込むことを防ぐ防雪ネットを新調して設置した。白い新品に張り替える前は、ボロボロになったネットを通って雪が吹き晒しだったからである。

ある日、現場から「新品のネットが赤く汚れている」という連絡が入った。想像以上に広範囲の汚れで驚いたが、煙突に空いている小さな穴から漏れたガスで汚れたものであることが判明した。

寒冷地では、電気を使ったエアコンでは暖房が追いつかないので、大きな施設では温水ヒーターで重油を燃やして温水をつくり、その温水を媒体として熱を還流させることで暖房を確保する仕組みが主流である。煙突は重油を燃やすことによって出る排気を外に逃がすために設置される。

煙突を調査すると、1年前にはあまり目立たなかった穴が徐々に大きくなっていた。煙突は鋼鉄またはアルミ合金でつくられている。問題の煙突は鋼鉄製だったが、当初設置されていた煙突に穴が開いて使用不能になったことから交換されたものらしい。一度交換された煙突が、なぜこんなに早く同じ症状になるのか。

温水ヒーターのメーカーである前田鉄工所に調査を依頼した結果、驚くべきことが判明した。穴は「煙突」、すなわち、建物の柱に沿って排気を屋上から上に逃がすために垂直に立っている円筒部で発生していた。燃焼ガスを室内にある温水ヒーターから煙突部に排出するには、煙道と呼ばれる水平の排煙管を経由しなければならない。原因調査のため、その排煙管を開けてみると、おびただしい量の煤が詰まっていて、排煙が通る空間は断面の半分以下になっていた。

煙突更新時の担当者に「更新時に煙道の煤払いはやったのか」と聞くと、「やっていない」という答えだった。築年が25年を過ぎていたので四半世紀分超の煤が煙道を支配し、排煙がスムーズに煙道を通らない状態が発生していたのである。

そのため、排気速度が低下し、排煙が煙突部内で温度低下を起こした結果、重油燃焼時に出る亜硫酸ガスが垂直円筒部で硫酸となって結露していた。煙突は2センチメートル程度の厚さの鋼管でできており強靭だが、硫酸を浴びせられ続けたら溶ける。結露した硫酸のために徐々にその内壁は溶解した。溶解してできた穴のためにガス温度はさらに早く冷えて結露が加速し、穴は驚くようなスピードで拡大していたのである。

最終的には、煙突が途中で折れて倒れる危険すら感じたので、急きょ予算を確保して煙突更新と煙道清掃をすることにした。煙突には内部を特殊塗装した強いものを新調したので、このような不気味な事件はもう起きなくなっている。

同時に、重油の使用料が年々上昇してきているデータもあったので、温水ヒーターも調査した。管理会社はメンテナンスしているといっていたが、釜部分が煤だらけになって燃焼効率が20％程度悪化していたようである。そこで、温水ヒーターも新品に交換した。かくして、B群棟という手塩にかけた娘は無事に嫁入りを果たした。

事業用不動産のリノベーション

このような事件の連続から、老朽化した設備の更新が簡単ではないことが体感された。日本で、老朽化の際にどのような更新をしていくかまで考えて建築されている物件はあまり多くないかもしれない。集合住宅などは老朽化の問題が認識されて、かなり未来のことも視野に入れた準備がなされているようだが、事業用不動産では長期的な更新計画の作成を義務づけられていないからであろうか、物件ごとにさまざまな問題を見出すことが多い。古いマンションの内装を新しくして売りに出すリノベーションという商売もあるが、大規模商業施設などの非典型的な建物のリノベーションはそう簡単ではない。

ゼネコンに丸投げすれば、リノベーションには新築よりも高い坪単価の見積りがいただけるであろう。リノベーションの受注のほうが新築より収益性が高いという趣旨のＩＲをする会社もあるくらいだ。実際、新築よりもリノベーションのコストが高くなることを否定はできない。まだ使える部分を残しながら、老朽化した部分だけを更新・修繕していく作業は、新築よりも多くの現場確認・アイディア・手数が必要になるからである。コストだけの静止画像的な比較をすれば、リノベーションよりも建物全体を解体して新築するほうが正しいのかもしれない。

しかし、大型商業施設や宿泊施設などは雇用継続問題もあり、事業を継続しなければならないので、簡単に壊して新築するというわけにはいかない。大手の百貨店が、2棟方式、あるいは1棟の半分に売場を集約しながら営業を継続し、閉店した部分の解体新築をするという大掛かりなことをするのも、建築コストだけの静止画像的な比較では理解できない事柄だろう。全閉店をすれば、お客さまはほかの施設にいってしまう。従業員を解雇しなければ、雇用継続にかかる人件費も経営の重荷になる。さらに、閉店後いったん離れたお客さまを、数年を経てから新築した店舗に呼び戻すのは簡単なことではないのである。

スーパーであれば、存立商圏のなかで代替地を先行取得し、営業の移替えというかたちで営業を継続する方法もある。しかし、中心市街地にある百貨店は代替地の確保自体がむずかしいし、内装費もスーパーに比べてかなり高いのだ。結果、そのまま老朽化に対して場当たり的な修繕をするぐらいしか手の打ちようがなく、問題が蓄積していって解決のしようがなくなってしまう。

したがって、「リノベーション」が必然的に課題になるが、そこには大きく三つの留意すべきポイント（メルクマール）があると考える。

第一に、基幹設備の更新の際には、システム全体の更新を視野に入れることである。

空調を例にとると、システムを構成する熱源機器、冷温媒体を循環させる機器（ポンプなど）、末端の空調機器（エアハン、ファンコイルユニットなどと呼ばれる）などは耐用年数が異なるため、それぞれが使えなくなった時点で場当たり的に更新を継続することになりかねない。

また、B群棟で、前回の煙突更新時の受注者は空調メーカーではなく、大手ゼネコンだった。発注者は単純に煙突の付替えだけを依頼したので、ゼネコンはいわれたとおりに工事をしたのである。耐用年数の15年より5年早く煙突溶解を発生させた原因は、システム更新の思想の欠如であったといえる。

私は、これを「火鉢を新品にする」行為と呼んで自戒している。あえて古い物を愛するのでなければ、火鉢が割れればストーブ、ストーブのあとはエアコンと、時代ごとに技術の進歩を取り入れながらシステム全体の切替えを意識する必要がある。実際、B群棟のケースでは、溶解した煙突のおかげでシステム全体の更新修繕を一気に行い、コストダウンや安全性の確保などを実現できた。

第二に、物件管理＝ビルメンテナンスの品質やコストを見極め、過去のメンテナンスが低品位であった場合に蓄積している「隠れ劣化」を見抜く必要がある。

こうした事例は枚挙にいとまがない。とくに事業用不動産のテナントは収益性を高めたいので、できるだけメンテナンス費用をかけない、あるいは先送りしようとする。日常的によいメンテナンスをしていただいて、躯体や基幹設備が長持ちすることが嬉しいオーナーとは必ず利益相反があるのである。テナントが日常メンテナンスをする義務を負い、オーナーが基幹設備の更新をする義務を負っている場合、日常メンテナンスに手を抜かれて基幹設備が想定より早く老朽化するケースが最悪である。オーナー側は、想定より早く資本投下をする立場に追い込まれてしまう。

道慈キャピタルのようにアセット・マネジメントのノウハウがあれば、テナントとオーナー双方の意見を聞きながら専門家と共同して調査し、維持管理の問題点（「隠れ劣化」）を客観的に判定して責任の帰趨を判定することができる。

第三は、科学的に投資のコストパフォーマンスを判断することだ。リノベーション投資には基本相場が存在しない。設計事務所の積算原価を取得し、可能な限り相見積りが利く工事単位まで仕事を分解して発注する努力も大切だが、本当に大事なのは投資採算を総合的に測る「投資の科学」を主軸に投資の判断することである。次章でも触れるが、実践的なＲＯＩＣ（Return On Invested Capital）の考え方を判断基準にすることがとても大切である。

百貨店は売場の内装投資とその回収にかかる判断基準をもっているが、建物設備への投資判断を支えるような基準は持ち合わせていない。決まった工事を相見積りすることはできるが、そもそも投資とリターンの関係を計算するための基礎となるデータ整備自体があまりできていないので、ＲＯＩＣも計算できない場合が多い。このようなデータ整備をすることで、投資案件を実行するべきか否かの判断が可能となり、その後の投資効果の測定もでき、収益力や企業価値の上昇をマネジメントできるようになる。

また、前述の煙突溶解事件後にとった施策のように、基幹設備のシステム更新によりエネルギー消費のコストパフォーマンスが改善し、機器管理の手間が大幅に減少する場合には、ビルマネジメント（ＢＭ）外注費も交渉して減少させることができる。リノベーション投資の是非を判断する場合には、そのような総合収支をみながら投資予算を評価することが必須である。

以上を前提にして、最後にリノベーションのコストをどのように調達するかを考えることになる。銀行借入れができる場合でも、そのコストは最終的には資本提供者の負担になる。そして、コーポレート・ファイナンスの資本コストは不動産ファイナンスの資本コストより高い。事業用不動産であれば普通の売却はできないが、セール・アンド・リースバックなど事業使用権を手放さない条件で私募ファンドに対象不動産を売却することを検討すべきである。これについては次章で詳述しよう。

第6章

不動産証券化の未来へ

1 事業からの不動産（所有）の分離

企業と不動産の資本コストは異なる

いまの日本においても、私が本書で紹介した取引で追求してきた「事業からの不動産所有の分離」というテーマは依然として課題であり続けていると感じている。

日本の銀行が不動産担保を伴う企業融資を続けている事実は、いまでも変化していない。そのために、日本の多くの事業会社、とくに不動産の利用に縁の深い事業会社は、原則として不動産を企業のバランスシートに〝生〟で抱えたまま事業を続けている。その状況は、前章までで書いたマイカル、西友、さくら野百貨店の事例の時代とさほど変わっていない。

しかし、事業で使用する不動産の所有・ファイナンスと、事業そのものの所有・ファイナンスを切り分けたほうがよいケースが多々あることは、たとえば、上場企業の所有する不動産の含み益が評価されないまま、その株価が放置されている事例がいまだ多々あることからもわかるだろう。

その放置状態を奇貨として敵対的な買収が仕掛けられることも、ここ20年の間には散見される。敵対的買収者たちは経営改革を旗印にしながら、いざとなれば、かかる資産を処分して含み益を実現できることを最後の拠り所にして買収価格を計算しているケースが多いのである。

この場合、買収を仕掛けられた上場会社からは、「必死に保有不動産を有効活用しないでも、事業収益力があるので困らない」という趣旨のコメントが出される。こうしたコメントから、「会社は自分のもの、会社の財産も自分のもの」という経営陣の意識もうかがえる。「不動産を有効活用する人材も内部にはいないし……」という言い訳が付け加わると、一般株主から、ではなぜ保有を続けているのかと疑問をもたれても不思議ではない。非上場会社は担保がないと、設備投資の時に融資を得られないという心配があることもわかるのだが。

コーポレート・ファイナンスの観点からは、可能な限り不必要な不動産をもたざる経営をすることで企業価値は上がるというのが確定的な結論であろう。

不動産から獲得しうるフリー・キャッシュフローが5億円、事業が獲得するフリー・キャッシュフローが5億円の企業があったとしよう。不動産と事業の所有が一体の場合、事業価値のマルチプルが7倍とするならば、市場では当該企業の株式価値はフリー・キャッシュフローの7倍の倍率で評価され、企業価値は（5＋5）×7＝70億円となる。ところが、不動産と事業の所有関係が分離されれば、不動産を所有するだけの企業の株式はフリー・キャッシュフローの20倍、事業だけを所有する企業の株式はフリー・キャッシュフローの7倍で評価され、両企業を合わせた企業価値は5×20＋5×7＝135億円となる。もちろん現実はこれほど単純ではないが、基本構造はこうだ。

なぜ、こうした現象が発生するかといえば、一つの理由は、不動産が獲得するキャッシュフローのほうが、事業が獲得するキャッシュフローより変動性が小さいと想定されているからだ。そのために、不動産保有にかかる資本コストは事業保有にかかる資本コストより低く、不動産の現在価値を算定する際の基礎となる将来キャッシュフローの割引率がより低くなる、あるいは、キャッシュフロー・マルチプル（割引率の逆数）がより高くなる。

市場回帰分析から資本コストを観測する方法はある程度整備されてきた。最も多くの投資家が参加して形成される不動産エクイティの市場が上場Jリート市場であるとし、同市場で観測される価格を指標としよう。利益90％以上を配当することを原則とするJリート出資口の価値は、おおむね配当流列Di（i→∞）の現在価値になると考えることができる。そこで市場の加重平均配当率ＤＲを出資口の資本コストとし、加重平均借入利子率をＩとし、Ｊリートの平均レバレッジ・レシオを50％とすれば、Ｊリートの加重平均資本コストは、DR×（1－50％）＋I×50％となる。

かりにＤＲを４・１％、Ｉを０・８％とすれば、Ｊリートの加重平均資本コストは4.1×50％＋0.8×50％=2.45％となり、運用報酬０・５％を加算すれば、２・９５％が上場Ｊリートで不動産を保有するために必要な益利回りベースのベンチマークになる。個別物件のサイズプレミアム１～２％程度を上乗せすると、４～５％程度が不動産証券化に必要な最低の資本化率といえる。

こういう計算から、不動産のＮＯＩ（Net Operating Income）に対して20倍から25倍が、一般的な意味で不動産の価値マルチプルということになる。Ｍ＆Ａで企業価値を算定するにあたって用いられるＥＢＩＴＤＡマルチプルの市場水準が7倍程度であることを考慮すると、ほかに事業を営む株式会社で不動産を所有することは企業価値の観点からは妥当ではないということが容易にご理解いただけるであろう。

経済社会の現実を反映する資本市場の論理に従えば、不動産と事業の所有関係は、できれば切り分けたほうが合理的ということになる。一時的に窮境に陥った企業（マイカルや西友のケース）が、店舗用不動産の所有者を資本市場とすることによって、追加的な資金を調達（資本を回収）することができた本源的な理由はここにある（ただし、事業に必須であり、かつ、それ以外の目的では使用しにくい特殊な事業用不動産、たとえば、汚染物質などを使用して特殊な製品をつくる工場などは、事業から切り離された価値を考えにくいので、上記のような考え方はあてはまらない）。

先行的な企業の取組事例

こうした資本市場の利用の仕方や論理に気づいた企業は、日本でもすでに登場し始めている。センコー（東証1部）というロジスティクスの会社は、自社で開発した物流施設をセンコー・プライベートリート投資法人という私募リートに売却し、その資産運用をセンコー・アセットマネジメントというグループ会社が担っている。センコーと同業のＳＢＳ（東証1部）も、エーマックスというグループ会社が開発した物流施設をシンガポールの政府系ファンド、テマセクの子会社であるメープルツリーに売却した実績等があり、この考え方をよく理解していると思われる。

アマゾンなどインターネット通販の興隆に伴い、運送会社による宅配ニーズが高まることになった。運送会社による物流施設の開発急増は、こうした小売業界の変化に対応したものだ。昨今の宅配料金の値上げにみられるように、いずれ倉庫の運営費用＋宅配費用は店舗運営費用に見合うまで引き上げられて、均衡に達すると思われるが、それはともかく、当面の需要に合わせて物流施設を開発するためには莫大な資金が必要になる。

ロジスティクスの会社が急激に物流施設の開発を進め、それらを自社で保有し続けたままにしていると、減価償却の負担のために利益が出にくくなるし、借入金が大きくなるので財務バランスが劣化し、銀行から資金を借り入れることがむずかしくなる場合もあるかもしれない。少なくとも逆風が吹いた場合にはもろい財務体質となってしまう。

そこで、物流施設の開発と利用は自社（グループ）で行うにしても、できあがった施設は投資家に売却して、投資家から施設を借りて使うことにし、新たな物流施設を開発するための資本を早期回収・再投資できるようにするとともに、財務的な余力を確保していくほうが合理的といえる。これは既述のマイカルのように、小売業者が店舗を証券化したのと同じ経営判断だ。

同じような取組みは、物流会社以外でもみられる。いくつかの事例を紹介しよう

図表6－1　Jリートの資産運用会社を子会社とするおもな事業会社

スポンサー	投資法人	運用会社	種　別
星野リゾート（非上場）	星野リゾート・リート	星野リゾート・アセットマネジメント（100%）	上場
イオン（上場）	イオンリート	イオン・リートマネジメント（100%）	上場
センコー（上場）	センコー・プライベートリート	センコー・アセットマネジメント（100%）	私募
大江戸温泉（非上場）	大江戸温泉リート	大江戸温泉アセットマネジメント	上場

（図表6－1）。ここからは外野の推定も入るがお許しいただきたい。

旅館や観光施設の買収・再生で有名な星野リゾートは、自社は非上場であるにもかかわらず、星野リゾート・リート投資法人というJリートを上場させている。同社が上場によって背負うことになる（ある意味で）理不尽な制約を排除して、不動産取得・保有の部分だけを上場リートに担わせる道を選んだのは、大正解であろう。

Jリートと同様に企業の借入コストを0・8%、加重平均資本コストを2・95%、DEレシオを50対50（レバレッジ・レシオ50%）とし、法人税の流出（実効税率34%）を前提にするならば、不動産保有に使用される資本コストのファクターとして当該企業に求められる配当率（最低限のハードル資本コスト）は（2.95％－0.8％×50％）×2／（1－34％）＝7.73％となり、Ｊリート市場に内在する市場配当率ベンチマークの４・１１％よりも、税コストのためにはるかに高いことになる。

これが、不動産所有を自社ではなく、リート等のＴＡＸ導管機能のある主体に担わせる明快な理由になる。資本コストは配当だけでは計算できないので、最低限のハードルコストの比較であるが、不動産自体の価格変動による資本収支（レジデュアル）は器にはよらないので、この比較は十分に意味をなすと考える。

星野リゾート・リート投資法人は、星野リゾート運営物件以外の物件も投資対象とすることで、スポンサーと投資家の間の利益相反について一定の配慮をしている。たとえば、イオンリート投資法人が、イオンリテールが運営する物件しか所有していないことに比べると、チサン、コンフォート、カンデオなど他の運営主体のホテルの物件なども保有している星野リゾート・リート投資法人の戦略のほうがよく考えられている。もっとも、ホテル業界では物件のオーナーシップに運営会社を交代する権利がついているのが通常なので、他社運営のホテルが徐々に星野グループのブランドに置き換えられていく可能性もある。

2　Jリート市場に関する私見

Jリートの勃興

第3章の冒頭で触れたことであるが、2001年に始まったJリート市場は、マイカル証券化が目指したものを、エクイティ証券化というかたちで成し遂げていった。

最初は、大手不動産会社が設立するリートが市場の成長を主導した。不動産会社にとっては、価値を引き上げきったスタビライズな手持物件を、自分の息のかかった運用会社が運営するJリートに売ることで、物件に対する支配を手放すことなく資本の回収ができる夢のような仕組みなのである。しかも、Jリートは導管性のメリットによってビフォア・タックスで投資家に収益を還元できるので、スポンサーである不動産会社にしてみれば、安い資本コストで、かつ、ノーコントロール株式でエクイティ・レバレッジができる。ノーコントロール株式で同様の効果を狙う企業の発行する優先株式という制度があるが、アフター・タックスでの還元が必要なので、その分資本コストがきわめて高い。

一方、1999年末から始まった不動産証券化（共同投資スキーム）を利用したファンド・ブームと外資系銀行からの資金の流入で不動産バブルが発生し、新興デベロッパーの成長も加速した。パシフィックグループ、ケネディクス、クリード、ダヴィンチ、ニューシティなどである。資本の出元はさまざまであるが、総じてこれらの会社は積極的にJリートにも進出していった。当然の成長戦略である。

不動産デベロッパーは、土地を仕込み、開発・建築・施工をし、完成品を売却してやっと利益をあげることができる。最後の売却によるイグジット戦略が、デベロッパーの成長には大変重要である。このような勢力にとって、Jリート市場は自らが開発した不動産を確実に買い取ってくれる器として機能した。その背景には、Jリートに対する旺盛な投資需要があった。しばらくの間は、投資案件を確実に提供できることがJリートのスポンサーであるための条件にもなっていたのである。

しかし、新興デベロッパーの規模が次第に拡大すると、同じようなことをやる伝統的な大手デベロッパーとの案件争奪戦も激しくなっていったのであろう。そうした市場のヒートアップにより、資本力が比較的弱い新興デベロッパーは徐々に財務的な負担に耐えられなくなってきた。それがニューシティ・リートの倒産や、パシフィック系2社の事実上の消滅（吸収合併）、ダヴィンチ・リートの運用会社の身売りなどの、Jリート市場における最初の試練につながったのではないかと考える。

当事者から直接聞いた情報も踏まえると、パシフィックやダヴィンチのケースでは、Jリートに対してノンリコース・ローンを提供した銀行により、Jリートへの与信とスポンサーであるデベロッパーへの与信が連結して扱われ、Jリートへの与信の期限の利益を喪失させられて一連の活動が止められてしまったようだ。当事者にとっては、与信が勝手に連結されてしまうことに違和感があったようである。

銀行が与信先のグループベースで、（ある意味で）恣意的な与信管理をするようでは、証券化取引は成立しない。もちろんスポンサーがなければ証券化取引が成立しにくいのも事実であるが、スポンサーの企業信用が優先して資産証券まで逆に信用不安になるのはやはりおかしい。スポンサーの信用低下があっても、その傘下のJリート自体に契約上のデフォルトがなければ、証券化ヴィークルとしてのリート法人の与信判断には影響しないというのが、本来の証券化ではないだろうか。

Jリートの倒産隔離

証券化された資産それ自体の劣化などを原因として発生する証券化ヴィークルの倒産は

本来の証券化商品のリスクであるが、その場合には、法的整理手続を経なくても、証券化ヴィークルが自主的に資産を売却してローンを返済すればよい。Jリートの場合も、投資関連の意思決定を行う運用会社は別会社であって、投資法人自体には1人の代表者がいるだけなので、投資法人が債権者の利益のために法的整理に入る意味はあまりなく、融資返済が危うくなったら資産を売却して返済するだけでいいはずである。

スポンサーの経営が悪化しても、Jリートとスポンサーとの間で倒産隔離がなされており、Jリートが所有する不動産について賃料がきちんと受領され、不動産評価が安定していれば、Jリートへの与信がストップされる筋合いはない。ところが、Jリートには関係ないはずのスポンサーの過剰借入れを原因としてJリートへの与信がストップされた例が過去にはあるようだ。スポンサーの問題からJリートへの与信がスポンサーへの与信と連結されるとすれば、今後もJリートの倒産はありうることになる。

Jリートが法的な倒産手続に入らないとしても、銀行側は不動産の価値がある間に不動産を換金して融資を回収しようとするので、Jリート投資証券の所有者はエクイティ価値を強制的な換金によって失う結果になる。Jリート投資口の価格は単純にゼロになっても仕方がないという扱いをされて、従来のスポンサー系の運用会社が解任され、銀行の融資回収が優先されることになる事態が想定される。

リーマンショックのようなターモイルが簡単に再発することはないかもしれないが、なんらかの理由で銀行が不動産融資を全面的に抑制すれば不動産の換金はむずかしくなるから、レバレッジを使って発行された資産証券の価格が大幅に下落し、その価格下落によって証券の買手がさらにいなくなるという負のスパイラルはいつ起きてもおかしくない。

問題となったJリートが経営の安定している別のJリートへの吸収合併を強制され、その投資口が非連続的な価値の急減（合併比率の不利益によって発生する希薄化）に見舞われることもあるだろう。このようなことが発生するのは、合併比率が市場価格によって決まるところ、投資口の市場価格はその裏付けとなる不動産の価値を必ずしも反映せず、市場のセンチメントによって左右されるからだ。吸収合併を承認しなければ銀行によって倒産に追い込まれるとすれば、投資口の保有者は、「投資口の価値がゼロにならないだけでもよかった」という論理に屈せざるをえない。

確かにスポンサーの弱体化がJリートに大きな悪影響を与えるケースはあるだろう。たとえば、Jリートが所有する不動産について、そのスポンサーがマスターリースをしていて、当該不動産からあがる賃料がスポンサーの信用と連動する場合である。このような場合には、スポンサーの事業価値の劣化とJリートの所有不動産の価値の劣化はストレートに連動するので、Jリートの合併ないし破綻が発生してもおかしくない。事業のために不動産開発を行う企業が証券化ヴィークルを使って事業用不動産を売却して借り受ける場合（セール・アンド・リースバック）、証券化ヴィークルへの売却が「真正売買」になるか、譲渡担保か、というマイカル店舗の証券化で出てきた論点が浮上することもあるはずだ。

実際は、上場リートであれ、私募リートであれ、投信法で「公認」された不動産投資法人に売却するかたちであれば、スポンサーと不動産投資法人の間の取引は、いわゆる「5％ルール」など一般のSPCが背負う会計基準上のオフバランスルールから除外されている。投資法人は総会決議で運用会社をクビにすることができるが、それには80％程度の投資口の賛成がいるから、スポンサーは20％超の投資口を自社または自社グループで保有するのが通常である。このため、5％ルールは邪魔になるのではなかろうか。

確かに、会計上のオフバランスルールと「法的な真正譲渡論」との間に直接の関係はない。しかし、オフバランスルールの遵守は、法的に「真正譲渡ではない」とされるリスクを減じる効果がある。会計上、リートを別格扱いしたとしても、スポンサーが物件を開発してリートに対してセール・アンド・リースバックしていて、かつ、スポンサーが相応の比率の投資口をもっているような場合、厳密な資産認識中止論の観点からはリートが所有する物件がスポンサー（運用会社の親会社）の連結対象になるケースもありうる。その場合、スポンサーが法的整理に入った場合、リートが所有する物件が破産財団等に組み入れられてしまうリスクがある。

リート法制でも投資法人の法的な倒産申請はありうること、スポンサーの信用劣化が投資口に想定外のリスクを及ぼしうることは市場参加者に再認識されてしかるべきであろう。こうしたリスクの存在が開示されているのであれば問題はないが、多くの上場証券の有価証券届出書（SRS）は、上場企業の株式について考案された様式を踏襲しており、投資対象の性質に沿った本来の意味でのディスクロージャーがない。

証券化＝金融商品化＝共同投資スキームにも、実はさまざまなものがありうるのであって、分譲の変形に近いものもあれば、企業金融の発展型、不動産貸付けの証券化、エクイティ持分の証券化もある。どのような種類の資金が流れ込んでいるのかも含めて、よくとらえ直す必要がある。

余談になるが、とくに最近、インターネット上で不動産証券化らしきものが散見される。一般市場にある投資適格の不動産では、どう組み合わせてもそのような利回りは出せないと思われる利回りを表示する商品も目につく。不動産価格が右肩上がりのときは、値上がり益で利回りをつくれるが、逆風が吹けば、ものの見事に隠れたリスクが顕現する。個人投資家の皆さまは、用心されたほうがよいと思う。老後や「ＦＩＲＥ（Financial Independence, Retire Early）」の支えにならないものも生まれ始めているような気がする。

私募リートの市場の状況

本書を手にとる読者であれば常識に属することと思われるが、あえて説明すれば、リート（不動産投資法人）のメリットは、配当可能利益の90％超を配当していれば、配当する側の法人は配当を損金算入することができることにある（税金は投資家段階で1回だけかかる。これを「導管性」という。日本版のＲＥＭＩＣＳともいえる）。このような法人から分配される配当は、通常の上場会社からの配当とは違い、法人課税前の配当（配当が法人の経費）になるので、超低金利時代では相対的に魅力がある。

こうした税法上の取扱いが認められるためには、投資主が常に50人以上いるか、全投資主が機関投資家でなければならない。上場リートには上場要件もあり、常に株主数に注意を払いながらその導管性を維持しているので、個人投資家がいてもこのメリットが達成される。一方、私募リートは全投資主を租税特別措置法上の機関投資家（ＴＡＸＱＩＩ）に限定するかたちで導管性を維持している。

したがって、私募リートは「実質的」にはＴＡＸＱＩＩ向けの機関投資家市場専用商品となる。そのため、現時点では機関投資家市場でも通用する事業信用力をもつスポンサーにしか私募リートへの参入は許されていない。

有期のプロジェクトに限定すれば、導管性は合同会社を営業者とする匿名組合への出資（ＧＫ-ＴＫスキーム）や資産流動化法上の特定目的会社（ＴＭＫ）等の利用でもある程度達成できる。しかし、これらよりも投信法上の不動産投資法人のほうが永続性という観点から優れており、物件の追加取得によるファンドの規模拡大を図っていくには便利である。逆に、ある程度の規模まで成長するメドがないと、私募リートのスポンサーは事業としての採算がとれないという実態もある。

上場リートと比べた私募リートのメリットは、その投資家がＴＡＸＱＩＩに限定されていることと、公開の株式市場でイベントが発生した際に、一般投資家の「パニック売り」などにより、予期しない価格の下落が生ずる事態を回避できる点にある。反面、私募リートの投資家は投資口を取引所で売却することができないため、投資家の換金ニーズに応えるためには、不動産投資法人自身が物件売却または借入れによって投資口を買い取るか、運用会社が投資口を買い取るかたちで換金性の確保を必要とする。これを「オープン・エンド」という（図表6－2参照）。現在は、この買取義務をある程度制限することで、各私募リートが解約殺到により崩壊する事態を回避する仕組みがとられているようだ。加えて、クローズド・エンドの上場リートよりもさらにレバレッジを低くすることにより、いざとなれば借入れを増やして投資口を買い戻すための資金調達余力を確保しているという。

図表6－2　私募ファンド、私募リート、上場リートの比較

種　別	私募ファンド	私募リート	上場リート
期　間	有期（3年から7年）	無期限	無期限
投資家の保有する権利の性質	匿名組合出資持分、信託受益権等（みなし有価証券）	投資法人出資口（有価証券、株式と同じ扱い）	投資法人出資口（有価証券、株式と同じ扱い）
投資家の制限	（金商法上の）機関投資家と特定投資家の共同投資	租税特別措置法上の機関投資家	とくになし
配当金の扱い（法人・個人）	匿名組合：雑所得（個人） 信託：不動産所得（個人） 法人は総合課税	配当所得（個人） 法人は総合課税で益金算入	配当所得（個人） （上場20％源泉徴収で完了） 法人は総合課税で益金算入
投資家の換金	満期処分かリファイナンスで償還	オープン・エンド：投資法人が買取り	クローズド・エンド：証券取引所市場集中取引

しかし、この点からもわかることは、投資口買取請求を期待するのはTAXQIIの機関投資家でも同じと考えられるので、どのような仕組みを準備しても、結局、私募リート事業を始めるにはスポンサーの財務的な信用力が重要であり、私募リートのスポンサーの必要条件は上場リートとあまり変わらないか、むしろ厳しいということだ。

また、資産運用市場の観点から私募リートをみると、金融機関では過去に蓄積された国債のポートフォリオが償還を迎えてしまった現在、ボラティリティの高さに起因する評価損リスクがなく、総合利回りで収益性の高い運用商品は少ないので、高利回り国債ポートフォリオを代替する商品として、東京のハイスペックな場所に立地する不動産を投資対象とする私募リートへのニーズが大きかったのは理解しやすい。最近は、（物件が使われなくなればただの市街化調整区域に戻る可能性が高いけれども）郊外のロジスティクス関連物件も同様に安定かつ高品質な物件として私募リートに取り込まれているようである。

いずれにせよ、道慈キャピタルのように草莽の志を立てて、不動産証券化商品、とくにエクイティ型も含めた不動産証券化商品を日本のコーポレート・ファイナンスの進化に役立てたいと考えているベンチャー企業にとって、現時点で私募リート市場は参入障壁が高いのである。

しかしながら、開発やリノベーションによる価値創造可能性の高い案件に絞って取り組んでいけば、私募リートに必要な流動性維持のために発生する隠れた資本コストを支払ってもメイクセンスするかもしれないと思い、私募リートを利用する可能性には挑戦を続けていきたいと思っている。

一方で興味深いのは、ITの進展により、取引所への市場集中がなくても、証券化商品が一定の流動性をもつ取引対象になる可能性がみえ始めたことである。ビットコインのような暗号資産は、中央銀行が関与しないかたちで現金決済を成立させる技術的な可能性を生み出した。実物資産の背景をもち、キャッシュフローを生み出す不動産証券化商品についても、ビットコインと同様のプラットフォームを利用し、一定の流動性をもった私的取引所機能を生成する道が見出されつつある。

STOと呼ばれるこの方法であれば、不動産市場で発生する価格形成要因の変化をほぼリアルタイムでアップデートしていくことができるから、インターネット上の売買判断がかなり整理できてくると思う。もちろん、インサイダー取引に近い情報偏差が起きないかといえば、そうではないので、ババ抜きのような売却をどう防ぐかといった対策も必要であろう。しかし、STOは資産証券の流動性の向上に寄与するものと思っている。

3 これからの不動産証券化

ROICを基軸とした事業・投資の再評価

道慈キャピタルは、こうした状況をさらに加速させるべく、日本における「事業と不動産の分離」の一翼を担っていきたいと考えている。現在、高度成長期に勃興した中小企業の世代交代が課題になっていることを踏まえて、非上場ないし東証2部までの準オーナー企業のオーナーが事業の売却を検討する際に、事業用不動産の分離および非事業用不動産の有効活用を提案していきたい。

中堅・中小企業のオーナーが中心的な顧客であるとすると、外形的には「マルチクライアント・ファミリー・オフィス」事業のようにもみえるが、プライベートバンキングのイメージではない。上場株式への投資判断や、預金の通貨ごとの配分といった仕事などまで含めてサービスすることはむずかしい。

あくまでもコーポレート・ファイナンス（事業を生かす）ための不動産の有効活用を顧客企業に提案して、お手伝いをするということだ。原則としては、本当の意味での「インベストメントバンキング」だと思っている。

したがって、まずは当該企業の財務的な課題を分析することがサービスの第一歩になる。そのうえで、事業の抱える問題を解決していく方法を考え、事業用不動産の証券化による資本回収、回収資本の活用による事業改善投資といった具体的な取引案を提案していく。

日本の資産家の財産の核は、不動産と家業である非公開企業の株式である。しかし、優良な不動産を買い取らせてほしいという営業をやるわけではない。むしろ、かなりの問題を抱えて、本来の価値を失いかけている不動産を蘇らせることこそが任務になるだろう。権利関係の問題、設備の老朽化の問題、耐震性能の問題、不動産の上で展開される事業の問題など、現実には数えきれないほどの問題事例がある。おかげさまで、なかなかお目にかかれない重度の問題の解決をお客さまと二人三脚で解決していく毎日を過ごさせていただいている。

M&A、事業承継と称して株式の売却仲介の提案をする会社も多いと思う。しかし、それは、当社の仕事ではない。あくまでも目の前にあるリアルな事業の現場に飛び込ませていただいて、その問題を解決していくことを目指す。すでに説明したように、不動産を事業からうまく切り離せば、その不動産に高い価値が生まれ、不動産に固定化された資本を回収して次の大型投資ができるだろう。その結果、会社や重要な事業を売却せずともすむ場合もあるし、より高い価格で会社を譲渡したり、負債を減額して後継体制をつくりやすくすることもできるだろう。

これは、バリュー・マネジメントといいかえてもいいかもしれない。バリュー・マネジメントは、道＝どこまでも技術を磨く、慈＝それをお客さまの役に立つように使用するという当社の社是と創業の精神につながる。バリュー・マネジメントの概念については、マッキンゼーのコンサルタントが執筆している名著『VALUATION』から大きな影響を受けている。１９９０年代の野村證券勤務のころ、初めてその原書（初版だったかと思う）に触れて以来、同書を自らの業務の指針としている。

ＤＣＦ法による企業価値の算定はなされても、ＲＯＩＣの概念を利用した施策の説明は日本語では案外なされていない。投資実行前の投資判断や投資実行後の投資効果の評価にあたり、ＲＯＩＣの概念はもっと活用されてもよいと思う。そのためには、①事業の収支にかかる情報を可能な限りリアルタイムで把握するセンサーをつくりだすこと、そして、②事業の評価に必要なデータを社内統一の基準で継続的に収集・整理し、皆が平等に共有できる態勢をつくる必要がある。

ＲＯＩＣの測定に向けたインフラを構築するためには、事業に関与するメンバーのデータリテラシーの向上が並行して進む必要があるし、それを支える企業内ルールの策定や既存インフラの破壊と再整備も骨の折れる仕事になる。また、ＲＯＩＣを活用した経営を進めた結果、社内失業をたくさん生み出すことになるかもしれない。しかし、そこに挑戦することが、今後の事業の継続性を左右することは間違いない。

現在の日本の会社では「データの利用に関しては、仕事だと思ってやっていることが、実は仕事になってはいない」ことが多く、デジタル・トランスフォーメーション（ＤＸ）と正反対のことを、その名前のもとに進めている可能性も多分にある。ＲＯＩＣを経営の基準に据えれば、その事実が明らかになる。

実は、データ集積のプロセスに人間の作業に依存する部分があると必ずミスが発生する。その結果、ＲＯＩＣに必要なデータにバグが出てくる。バグを是正するのに、また人手がいるという悪循環になる。ムダな事務をするのに出社している社員の給料の分だけ、パーヘッド生産性が著しく低下しているのである。

パーヘッド生産性とは、従業員１人当りの営業利益額と平均給与の比較でもよいし、人件費に対する営業利益の倍率でもよい。たとえば、平均給与800万円の従業員が1人当り20万円の営業利益しか出せないような会社はあまりよい会社ではない。1人当り2400万円の営業利益が出ていれば、よい会社かもしれない。データインフラの整備と情報フォーマットの統一で人手作業を排除することにより、4人でやっていることを1人でできるようにするべきなのだ。

優れた企業では必ず、人間が価値（利益を生んでいく素地）を生み出している。人間は人間のサービスに対して、標準以上のお金を支払うものだ。パーヘッド生産性の向上は、道慈キャピタルの経営のあり方に対する自戒でもある。

共同投資としての不動産証券化業務

まとめると、道慈キャピタルが取り組んでいくのは、①コーポレート・ファイナンス・アドバイザリー関連業務、②不動産証券化＝共同投資業務、③アセット・マネジメント業務の三本柱である。「不動産証券化＝共同投資」は、手間をいとわない伝統的な「アセット・マネジメント業務」と「コーポレート・ファイナンス・アドバイザリー業務」の能力とセットでなければ実現できない。

リーマンショックのあと、東日本大震災が続き、経済復興のための超低金利が定着したことで、不動産価格は長期的に上昇した。特段の工夫がなくても相応のリターンを投資家全体にもたらしたから、この業界には工夫の必要性があまりなかったのだろう。価格の長期上昇の結果、特定の人気のないカテゴリーの不動産を除いて、現在の不動産利回りは歴史的な低水準になっている。レバレッジ後でもできあがり商品のリターンが低く、機関投資家向けの不動産証券化商品づくりはとてもむずかしくなっているはずだ。

しかし、当社は、「(だれもが欲しがるから)低利回りの人気物件をネタにする不動産証券化商品」にはあまり縁がない。「投資しにくいがゆえに高い利回りの不動産物件」を現場重視の運用技術で投資可能なものに仕立て上げて世に問う時期がきていると思っている。それによって、その事業用不動産を保有している企業の事業構造に革新的なポジティブ効果をもたらすこともある。

プレフローティング段階から厄介な物件を投資対象に仕立て上げるためには、コーポレート・ファイナンスの観点から、当該取引が企業に本当によい効果を与えるかを見極める仕事が重要である。企業のＰＬへの影響や調達した資金の用途(銀行ローンの返済、設備更新など)にまで配慮した取引の設計は、腕のよい外科医が行う手術のようなものだ。

設計した取引を実行に移す際にも、バリュー・マネジメントの理論がなければ関係する金融機関などの承認を得られないだろう。

具体的には、顧客事業のオペレーティング・キャッシュフローとセール・アンド・リースバックのリース料のバランスはどのくらいが適切かを検討し（ＤＳＣＲと類似するFIXED CHARGE RATIOという概念がある）、企業が自己のＢＳにおける事業用不動産の資産としての認識を中止しながら、事業にとって益になる条件で使用継続できるように柔軟性のあるリース契約をデザインしたり、回収した資本を正しく再投資するようにアドバイスしたりする。

一方で、物件そのものの問題を解決するために、長靴を履いて屋根裏に入って鋼鉄の煙突が溶解し始めるという怪奇現象を解明したり、ハトやカラスの糞が落ちる屋根の上を革靴で歩いて建築基準法への適合性を調査したりすることもある。厄介な物件を投資対象に仕立て上げることは、事業用不動産そのものや企業金融に対する深いリテラシーに基づく助言能力がなくてはできない業務ということになる。

不動産証券化は、機関投資家による共同投資スキームのかたちで実行に移す。顧客の保有している資産の価値上昇のために不動産証券化（共同投資スキーム）を利用しながら、自らもその物件に共同投資するビジネスである。顧客との利益相反を招く要素をできるだけ排除し、顧客とともに利益をあげるのだ。

証券化された不動産の処分など大きな意思決定の権利は、お客さまであるオーナーが維持する。つまり、お客さまの事業用不動産・非事業用不動産の売却・有効活用にあたって、道慈キャピタル自身が単純な買手あるいは借上げの主体になることはない。オーナーと道慈キャピタルの投資比率は1対1の案件もあれば、9対1の比率でもお客さまから要望があり、かつその意義があれば取り組むことにしている。

したがって、ここでいう不動産証券化は、お客さまにとっては不動産の持ち方を変えていくのに近い。不動産の持ち方を変えることで、第三者からの投資や融資を通じて資本を回収することが可能となり、当該物件自体への再投資や、その物件の上で展開される事業の改善に資金を回すことができる。当該物件に加えて、あと少し買増しができれば、大幅に価値が増加するようなプロジェクトも生み出せると思う。

われわれはあくまでも、オーナーの立場に寄り添って不動産の持ち方を変え、普通では実現できない選択肢を利用していただくプラットフォームになることを目指している。事業用不動産という資産の生かし方を大いに改善し、事業と顧客財産の収益力を改善し、対象資産の価値を増加させる運用の受託である。いまお預かりしている資産（道慈キャピタルのＡＵＭ）では、どんどんそういう取組みが起きている。

もちろん、バリュー・マネジメントの結果、預り不動産の価値が大幅に増加し、資本市場にも受け入れられる段階になれば、当社の主宰する私募ファンドや、私募リート（将来の話だが……）に物件を拠出していただき、資本の回収と、さらなる収益参加の継続といったかたちでおつきあいを継続させていただくことができるとも考えている。顧客から運用受託した不動産を証券化し、顧客の資本回収を支援していくということである。

私募ファンド（ＧＫ-ＴＫ）スキームでも、投資家の範囲が限定的であれば、ある程度対応していけるようである。しかし、本音をいえば、機関投資家市場のニーズにコンスタントに応えるために、共同投資スキームはオープン・エンドの私募リートの形態が最適だと考えている。図表６－２でみたように、私募リートでは投資口の買取義務があるものの、私募ファンドのように処分やリファイナンスに適さない時期に満期がくるリスクを回避できる。事業用不動産を中心とした資産が資本市場を新たなオーナーとすることも、昔のスキームより安定的に実現できるようになる。

道慈キャピタルはそのために金融商品取引法上の投資運用業のライセンスを取得し、スポンサー能力を強化できるよう増資も進めていくつもりである。並行して、私募リートのスポンサーとしての能力強化のためにも、ベンチャーキャピタル等の出資を受け入れて株式の上場を目指すことも検討していきたい。

第1章で述べたように、証券化とは、リスクの終局的な吸収材である資本の回転、有効活用を促進するための技法であるというのが私の考えだ。そして、資本の論理にさらされるべきは、株式を上場している大企業ばかりではない。日本の産業を支える中堅非上場企業や中小企業も資本の調達・回収のために革新的な手法を導入し、加速度のある資本回転ができるようにならなければならない。

そうでないと、経営の選択肢も狭まり、成長機会をとらえることもむずかしくなる。経済学者から日本全体の経済的な実力の低下を示す統計が指摘されているが、筆者はいま、その現実にまみれている。私は残りの職業人生を、日本の中堅企業・中小企業におけるコーポレート・ファイナンスの思考の浸透と、資本回転の革新のために捧げていくつもりである。

4 道慈キャピタルは何を目指しているのか

最後に自分自身に対する確認の意味を込めて、道慈キャピタルの事業哲学についてまとめておきたい。

第一に、投資対象のえり好みをしない。「これなら投資したい」という基準はない。「このような困った案件をどうしたらいいか」というお話こそ、われわれの領域である。

第二に、顧客の財産や事業にかかる問題を共有し、コーポレート・ファイナンス・サービスやアセット・マネジメントの力で解決する。

ここで顧客の財産や事業にかかる問題とは、耐震性能問題、経年劣化問題、省エネルギー性能問題、権利関係問題、関連事業（不動産の上で行われている事業自身の問題）などである。

第三に、パートナー投資に徹する。パートナー投資とは共同投資の一種であるが、以下のように考えていただければわかりやすいものと考える。

①　パートナー投資の対象は、売主にとって、対象不動産の支配や使用収益の関係をすべて断ち切って、第三者に売却したいという案件ではない。このような物件は、投資

会社や仲介業者が担当すればいい。

② むしろ、諸々の事情から、「売主と不動産の関係を断ち切れない・断ち切りたくない」か、「その時点で断ち切るべきではなくひと工夫する必要がある」不動産を対象としている。例をあげれば、

・自らが事業に使用しているのでリースバック条件でしか売れない不動産

・キャピタルゲイン課税が莫大になるので、たとえば上物は売れるけれども底地はそのまま保有するしかない不動産

・支配を譲る売却はできないが支配を温存する証券化を利用して投下した資本だけは早めに回収したい不動産

・老朽化あるいは過去のしがらみのために残存する他人の権利により、価値や収益力を失っているような不動産

である。こういう不動産、とくに事業用不動産は、物件自体の質がよくても、通常の流通市場での換金はできない。

パートナー投資とは、金融商品取引法上の集団投資スキーム（不動産証券化）を利用して、上記のようなこみいった状況にある不動産をもつオーナーに資本回収の機会を提供

し、調達した資金を再投資することで不動産の欠点を直したり、他人の権利を排除するための交渉や訴訟を始めたりし、大規模修繕を完成させるまでご一緒する覚悟で共同投資をすることである。

第四の事業の特徴は、「不動産だけをみない」ということである。不動産業界の一般的なプレーヤーが上記のような面倒臭い仕事に、当社の報酬体系で首を突っ込むことはしないだろう。当社は不動産とそのオーナーの事業との関係を最適化することで、不動産の価値や収益力を改善するだけでなく、その不動産に直接、間接に関係するオーナーの事業の改善に寄与することに関心がある。むしろオーナーの事業のコーポレート・ファイナンスを支援することを生業にしたいと考えている。この効果を、当社は「ポジティブ・スパイラル」と呼んで、お家芸にしている。「事業用不動産」とその上で展開される事業の双方が、バランスよく価値成長できる方法を開発して実行するのである。助言で終わるアドバイザーではない。

以上の事業哲学から、道慈キャピタルが不動産投資会社ではない生物であることがご理解いただけるだろう。

このような事業形態が簡単に理解されるとは思っていないが、実務に取り組んでいるなかで、自分たちの経験によって問題解決ができるのではないかと思う案件が多いことに実はとても驚いている。しかし、それが理解されにくいことも事実である。そのために筆者は本書を上梓し、少しでも当社の志をご理解いただけたらと思っている。

当社の事業成長の指標は、ＡＵＭ（預り資産残高）である。ＡＵＭは、当社が顧客の大切な財産をどれだけ預けてもらえたか、また、顧客とともにその価値の増加にどれだけ寄与できたかを示す指標である。物件を買収してすぐに売却するのではなく、むしろ長い間お預かりして一緒に価値創造をし、関連する事業を強化し、ポジティブ・スパイラルを実現して顧客の超長期的な資産価値を増加することを目指している。当社のＡＵＭは、ようやく鑑定価値ベースで総額１００億円に近づいてきている。まだまだひよこである。

「証券化とは何か」というようなお話から、執筆を始めさせていただいたのは、この理解されにくい仕事の端緒を理解していただくためでもある。証券化が昨日今日始まったものではなく、試練を経ながら磨かれた、未来へも残していきたい基礎技術であることを皆さまに広く理解していただける日がくることを祈りながら筆をおきたい。

【著者紹介】

髙田　裕之（たかだ　ひろゆき）

1960年、熊本県熊本市生まれ。東京大学法学部卒業。13年間の野村證券勤務のあと、クレディスイスで不動産金融部門責任者を通算13年超にわたって担当。シンガポール生活を経て2015年に道慈キャピタル株式会社を設立し、2017年に日本に帰国後、同社代表に就任して現在に至る。野村證券法人部門で覚えた下手なゴルフを、27年ぶりに再開したとたんに肩腱板を損傷。痛みがなくなるように、日々肩を回しながらゴルフコースへの復帰をたくらんでいる。

道慈キャピタル株式会社

2015年、資本を渇望するプロジェクトや事業主体に必要な資本を供給する最良のツールとしての不動産証券化商品を開発、提供することを使命として誕生。ただし、巨大なプレーヤーが参加する世界に首を突っ込むつもりはなく、事業会社、とくに中堅規模の事業会社の問題を解決することを目指している。2023年現在、さくら野百貨店の店舗不動産、銀座の商業ビル底地などのアセットマネジメントを手掛け、預り資産は約100億円に成長。不動産証券化商品を活用すれば、建物設備・インフラの老朽化により事業や街が衰退を始めるなど日本で起きているさまざまな問題を解決できると確信している。

極私的証券化論3.0
――事業の守護神としての資本市場の創生

2023年3月28日　第1刷発行

著　者　髙　田　裕　之
発行者　加　藤　一　浩

〒160-8520　東京都新宿区南元町19
発　行　所　一般社団法人 金融財政事情研究会
企画・制作・販売　株式会社 き　ん　ざ　い
出 版 部　TEL 03(3355)2251　FAX 03(3357)7416
販売受付　TEL 03(3358)2891　FAX 03(3358)0037
URL https://www.kinzai.jp/

DTP・校正：株式会社友人社／印刷：三松堂株式会社

・本書の内容の一部あるいは全部を無断で複写・複製・転訳載すること、および磁気または光記録媒体、コンピュータネットワーク上等へ入力することは、法律で認められた場合を除き、著作者および出版社の権利の侵害となります。
・落丁・乱丁本はお取替えいたします。定価はカバーに表示してあります。

ISBN978-4-322-14229-7